Praxis-Leitfaden „Business in China"

Richard Hoffmann

Praxis-Leitfaden „Business in China"

Insiderwissen aus erster Hand

 Springer Gabler

Richard Hoffmann
ECOVIS Beijing China
Beijing
Volksrepublik China

ISBN 978-3-658-02493-2   ISBN 978-3-658-02494-9 (eBook)
DOI 10.1007/978-3-658-02494-9

Die Deutsche Nationalbibliothek verzeichnet diese Publikation in der Deutschen Natio-
nalbibliografie; detaillierte bibliografische Daten sind im Internet über http://dnb.d-nb.de
abrufbar.

Springer Gabler
© Springer Fachmedien Wiesbaden 2013

Lektorat: Irene Buttkus

Gedruckt auf säurefreiem und chlorfrei gebleichtem Papier

Springer Gabler ist eine Marke von Springer DE Springer DE ist Teil der Fachverlagsgruppe
Springer Science+Business Media
www.springer-gabler.de

Vorwort

Die Volksrepublik China ist ein aufstrebendes Land mit nachhaltigem Wirtschaftswachstum. Sie bietet daher einzigartige Chancen und vor allem einen großen, teils unerschlossenen Konsummarkt. Für viele ausländische Firmen ist die VR China bereits der wichtigste Markt weltweit. Dennoch stoßen ausländische Investoren immer wieder auf Probleme und unerwartete Herausforderungen, insbesondere beim Kontakt mit den Steuerbehörden und/oder bei der Gründung und Ansiedelung von Unternehmen auf dem chinesischen Festland.

Dieses Werk vermittelt Ihnen daher das unverzichtbare Grundverständnis und die wichtigsten Voraussetzungen für erfolgreiche Investitionen in China. Es basiert auf den Erfahrungen, die wir, das Beraterteam von Ecovis in Peking, bei Hunderten von Unternehmen vor Ort gesammelt haben, deren Gründung und Etablierung wir begleitet haben. Im Ergebnis erhalten Sie, liebe Leser, eine detaillierte Einsicht in die Gründungs- und Geschäftsabläufe sowie in rechtliche und steuerliche Aspekte, die Ihnen für erfolgreiche Geschäfte in der VR China unbedingt bekannt sein müssen. Angereichert mit wertvollen Hintergrundinformationen, die in vergleichbarer Literatur in dieser Form kaum zu finden sind, ist – das hoffen wir zumindest – ein nützlicher Leitfaden aus der Praxis für die Praxis entstanden, der Sie bei Ihrem Eintritt in den viel versprechenden chinesischen Markt mit Rat und Hilfe unterstützt und vor gewissen Untiefen bewahren will. Das Beraterteam von Ecovis in Peking freut sich, Ihnen mit diesem Werk die erste Auflage unseres Praxis-Leitfadens „Business in China" zu präsentieren.

Für Anregungen und Fragen stehen wir Ihnen gerne zur Verfügung.

Peking, im Juni 2013

Richard Hoffmann
richard.hoffmann@ecovis.com

Inhaltsverzeichnis

1 **Die chinesische Wirtschaft** 1
   1.1 Wachstum und kein Ende 1
        1.1.1 Fünfjahresplan 2
        1.1.2 Joint Ventures 3
   1.2 Die chinesische Unternehmenskultur 4
        1.2.1 Hierarchien 4
        1.2.2 Kollektiv 4
        1.2.3 Parteizugehörigkeit 4
        1.2.4 Kommunikation 4
   1.3 Drum prüfe, wer sich ewig bindet 5

2 **Besonderheiten in Hong Kong** 9
   2.1 Autonome Sonderverwaltungszone 9
   2.2 Das Closer Economic Partnership Arrangement (CEPA) 9

3 **Die Unternehmensstruktur** 11
   3.1 Erst die Strategie – dann die Struktur 11
   3.2 Repräsentanz 12
        3.2.1 Die Gründung einer Repräsentanz 13
        3.2.2 Wertvolle Tipps für die Gründungsphase 15
        3.2.3 Besonderheiten in Shanghai 15
   3.3 Gesellschaft mit ausschließlich ausländischer Beteiligung (WFOE) . 16
        3.3.1 Gründung 16
        3.3.2 Geschäftsumfang 17
        3.3.3 Das erforderliche Stamm- oder Registrierungskapital 17
        3.3.4 Die Gesamtinvestition 18
        3.3.5 Handlungsempfehlungen bei Unterfinanzierung 19
        3.3.6 Der Gründungsprozess 20

3.4   Ausländische Handelsgesellschaften (FICE) 21
3.5   Joint Venture – Gemeinschaftsunternehmen 22
    3.5.1   Warum ein Joint Venture? 23
    3.5.2   Arten von Joint Ventures 23
    3.5.3   Die Gründungsschritte für ein Joint Venture 24
3.6   Personengesellschaften mit ausländischen Gesellschaftern
    (Foreign Invested Partnerships)............................. 26
    3.6.1   Zweck und Vorteile von FIPs......................... 27
    3.6.2   Strukturen 28
3.7   Zweigniederlassungen (Branches)............................ 30
3.8   Unternehmensgründung in Hongkong 31
3.9   Unternehmensgründung auf den Britischen Jungferninseln (BVI) . 32

4   Unternehmenssteuer 35
4.1   Vergleich der Rechnungslegungsstandards 36
    4.1.1   Chinesische Buchführung............................ 36
    4.1.2   Ordnen von Rechnungen 37
    4.1.3   Erstellen von Rechnungen 38
    4.1.4   Anmeldung bei den Steuerbehörden 38
4.2   Chinesische Finanzberichte 39
4.3   Die chinesische Mehrwertsteuer 39
    4.3.1   Die verschiedenen Arten der chinesischen Umsatzsteuer .. 40
    4.3.2   Fristen für die Umsatzsteuererklärung.................. 42
    4.3.3   Umsatzsteuerbehandlung für Exporte 42
4.4   Persönliche Einkommensteuer 43
    4.4.1   Die Einkommensteuerpflicht in der VR China............ 43
    4.4.2   Tax-Resident und globales Einkommen 45
4.5   Steuerarten und Steuerpflichten 45
    4.5.1   Steuerfreibetrag 45
    4.5.2   Gehaltsschätzung und Gehaltsfestlegung durch die
        Steuerbehörden.................................... 46
    4.5.3   Legale Wege der Steuerersparnis...................... 46
4.6   Verrechnungspreise 47
    4.6.1   Dokumente für die Verrechnungspreissetzung 48
    4.6.2   Ausnahmen 51
4.7   Das Steuersystem in Hong Kong 51

5   Due Diligence – Vor- und Nachbereitung......................... 53
5.1   Due Diligence 53
5.2   Neuer Aspekt: Umweltschutz................................ 54

5.3 Finanzielle Due Diligence 54
5.4 Überprüfung von Abschlüssen und Bilanzen 55
5.5 Due Diligence im Personalbereich 55

6 Geistiges Eigentum 57
6.1 Produkt- und Markenpiraterie.............................. 57
6.2 Eintragung von Schutzrechten.............................. 57
6.3 Patentrecht... 58
6.4 Markenrecht 58
6.5 Urheberrecht 59
6.6 Technologietransfer 59

7 Personalwesen 61
7.1 Personalsuche 61
    7.1.1 Grobe Vorauswahl 62
    7.1.2 Das Bewerbungsgespräch 62
7.2 Arbeitsrecht.. 63
    7.2.1 Das Arbeitsvertragsgesetz 63
    7.2.2 Probezeit 64
    7.2.3 Wettbewerbsverzicht 65
    7.2.4 Kündigung... 65
    7.2.5 Abfindung 67
7.3 Mitarbeiterbindung 67
7.4 Die Gehaltsstruktur 68
    7.4.1 Jährliche Sonderzahlungen 69
    7.4.2 Steuerstufen....................................... 69
    7.4.3 Bonuszahlungen 70
7.5 Sozialabgaben 71
    7.5.1 Rentenversicherung................................. 72
    7.5.2 Arbeitslosenversicherung 72
    7.5.3 Krankenversicherung 72
    7.5.4 Arbeitsunfallversicherung........................... 72
    7.5.5 Mutterschaftsversicherung 73
    7.5.6 Immobilienfonds 73
7.6 Überstunden 73
7.7 Besonderheiten 74
    7.7.1 Die Dangan 74
    7.7.2 Die Hukou 74

Nachwort 75

Der Autor

 **Richard Hoffmann**, ist Partner bei der renommierten Steuer- und Rechtsberatungskanzlei Ecovis in Peking. Er ist Experte für komplexe juristische und steuerrechtliche Fragestellungen und verfügt im Bereich der internationalen Steuer- und Rechtsberatung bereits über mehr als zehnjährige Arbeitserfahrung. Er studierte Jura an den Universitäten Heidelberg und Frankfurt/Main und erlangte nach dem juristischen Referendariat unter anderem bei der Staatsanwaltschaft Frankfurt am Main, dem Oberlandesgericht Frankfurt am Main und bei der Kanzlei Wellensiek Rechtsanwälte, Heidelberg den Titel „Assessor Juris". Bevor er sich seinem jetzigen Spezialgebiet China zuwandte, war er bereits mehrere Jahre in Steuer- und Rechtsanwaltskanzleien in Deutschland und den USA tätig. Heute arbeitet Richard Hoffmann seit über sieben Jahren in der VR China. Er beriet bereits Hunderte von Firmen aus der ganzen Welt bei der rechtlichen Struktur und bei Steuerfragen in der VR China. Wegen seiner Rechts- und Steuerexpertise ist er nicht nur Berater für Firmen, sondern auch der persönliche Vertrauensberater von europäischen Regierungen und Regierungsvertretern in der VR China. Weiterhin veröffentlichte Richard Hoffmann zahlreiche internationale Publikationen zum Thema Steuern und Unternehmensgründungen in der VR China, ist häufig Interviewpartner von Mediengrößen wie dem chinesischen Sender CCTV und dem internationalen Medienhaus Reuters sowie Redner auf hochkarätigen Veranstaltungen in China und weltweit. Er spricht Deutsch, Englisch und Chinesisch und lebt mit seiner Frau in Peking.

Mehr Informationen finden Sie unter: richard.hoffmann@ecovis.com

Wichtige Begriffe und Abkürzungen

BVI-Holding	British Virgin Islands Holding, eine Unternehmensform mit eigener Rechtspersönlichkeit, deren Firmensitz auf den britischen Jungferninseln liegt. Eine diskrete und steuerlich oft vorteilhafte Rechtsform.
CEPA	Closer Economic Partnership Arrangement, Abkommen über eine engere wirtschaftliche Partnerschaft zwischen der Volksrepublik China und der Sonderverwaltungszone Hong Kong.
CJV	Contractual/Cooperative Joint Venture, ein vertragliches Gemeinschaftsunternehmen zwischen einem chinesischen und einem ausländischen Partner.
Dangan (档案)	Persönliche Akte mit verschiedenen Informationen über den Arbeitnehmer, welche vom Arbeitgeber aufzubewahren ist.
DBA	Doppelbesteuerungsabkommen, Vereinbarung zwischen zwei Ländern, um Doppelbesteuerung zu vermeiden.
EJV	Equity Joint Venture, Gemeinschaftsunternehmen eines chinesischen und eines ausländischen Partners mit eigener Rechtspersönlichkeit.
Fapiao (发票)	Verbindlich vorgeschriebenes, offizielles Format für alle Ausgangsrechnungen. Eigene Rechnungsformate sind verboten. Das offizielle Format dient der ordnungsgemäßen Abführung der Mehrwertsteuer bzw. unterstützt deren Kontrolle. Der Fapiao Blanko muss bei der Steuerbehörde erworben werden, das Formular kann nur mit einem speziellen Fapiaodrucker bedruckt werden.

FICE   Foreign Invested Commercial Enterprise, Ausländische
                         Unternehmung in China, welcher es erlaubt ist, selber Pro-
                         dukte ein- und auszuführen. Wird oft in Form einer WFOE
                         gegründet (Handels-WFOE).

FIP   Foreign Invested Partnership, chinesische Personengesell-
                         schaft mit ausländischen Gesellschaftern.

GAAP   Generally Accepted Accounting Principles, die allgemein
                         akzeptierten Standards der Buchhaltung. In China haben
                         sich diese inzwischen immer stärker an die International
                         Financial Reporting Standards (IFRS) angepasst.

Hukou (户口)   Eine Art Wohnerlaubnis chinesischer Staatsbürger in der
                         entsprechenden Stadt/Region, welche Zugang zu bestimm-
                         ten Sozialleistungen und öffentlichen Einrichtungen (etwa
                         Schulen) garantiert.

ICBC   Industrial and Commercial Bank of China.

IFRS   International Financial Reporting Standards, internationale
                         Standards der Rechnungslegung.

IIT   Individual Income Tax, die persönliche Einkommenssteuer.

JV   Joint Venture, ein Unternehmen welches von einem chi-
                         nesischen und einem ausländischen Partner gemeinsam
                         gegründet wird, CJV und EJV.

MOFCOM   Ministry of Commerce, das Handelsministerium der VR
                         China.

RMB/Yuan (人民币)   Wörtlich übersetzt „Volksmünze", offizielle Währung der
                         Volksrepublik China.

RO   Representative Office, Repräsentanz einer ausländischen
                         Firma in China, welche in China selbst keine Produkte
                         vertreiben darf.

Sprache   Hier ist zwischen der gesprochenen Sprache und der Schrift-
                         sprache zu unterscheiden. In der gesprochenen Sprache
                         existiert eine Vielzahl an „Dialekten", welche teilweise
                         unterschiedliche Sprachen darstellen. Mandarin ist die
                         Amtssprache der VR China, welche fast alle Chinesen
                         beherrschen.Im Unterschied dazu ist die Schriftsprache lan-
                         desweit einheitlich. Die gesprochene Sprache legt nur die
                         Aussprache der Schriftzeichen fest. Die geschriebenen Zei-
                         chen sind immer gleich; es macht keinen Unterschied, ob

	sie in Mandarin oder in einem anderen Dialekt gelesen bzw. ausgesprochen werden.
STA	State Administration of Taxation, die offizielle Steuerbehörde der VR China.
VAT	Value Added Tax, die Mehrwertsteuer.
WFOE	Wholly Foreign Owned Enterprise, eine Rechtsform, bei welcher die Firma sich vollständig im Besitz des ausländischen Investors befindet.
WIPO	World Intellectual Property Organization, die Weltorganisation für geistiges Eigentum deren Ziel es ist, die Rechte an immateriellen Gütern zu fördern.
WTO	World Trade Organization
Yuan/RMB (人民币)	Wörtlich übersetzt „Volksmünze", offizielle Währung der Volksrepublik China.

Die chinesische Wirtschaft 1

1.1 Wachstum und kein Ende

Die chinesische Wirtschaft befindet sich seit Jahren auf einem nachhaltigen Expansionskurs, parallel schreitet die Modernisierung des Landes voran. Der individuelle Wohlstand nimmt zu, die Städte wachsen aufgrund der herrschenden Landflucht weiter an. Bedingt durch den wirtschaftlichen Aufschwung wird der internationale Einfluss der chinesischen Regierung immer stärker. Dieser Wachstumsboom der chinesischen Wirtschaft lässt sich am ehesten mit der industriellen Revolution in Europa oder dem amerikanischen Wirtschaftsboom im letzten Jahrhundert vergleichen. Die große Nachfrage sorgt für eine Vielzahl neuer Arbeitsplätze. Telefonnetze, Stromnetze, die gesamte Infrastruktur sind aktuell überlastet und müssen weiter ausgebaut werden, um den veränderten Anforderungen gerecht zu werden. Ständig werden neue Straßen, Brücken, Häfen und selbst Autobahnen gebaut. Der Wohnraum in den Städten wird immer knapper, die Preise steigen massiv.

Dieser Aufschwung setzte vor etwa 30 Jahren ein. Der damalige politische Anführer Chinas, Deng Xiaoping, reformierte die wirtschaftlichen Strukturen und öffnete den chinesischen Markt für ausländische Firmen. Seither ist China zur weltweit zweitgrößten Volkswirtschaft aufgestiegen und trägt mit seiner anhaltenden Dynamik erheblich zum Wachstum der Weltwirtschaft bei. Dadurch hat sich auch das internationale Machtgefüge verändert. China wird entweder als Bedrohung oder als Rettung gesehen. Bedrohlich erscheint vor allem, dass es enorme Mengen an Energie und Rohstoffen verbraucht. Andererseits bietet der chinesische Markt extrem gute Geschäftsmöglichkeiten und zieht viele ausländische Firmen an. Diese bringen Geld, neue Technologien und gut qualifizierte Arbeitskräfte ins Land. Zunächst siedelten sich nur die großen Konzerne an, doch mittlerweile kommen

R. Hoffmann, *Praxis-Leitfaden „Business in China"*,
DOI 10.1007/978-3-658-02494-9_1, © Springer Fachmedien Wiesbaden 2013

auch kleine und mittlere Unternehmen (KMU, SME) nach China, um von dieser
einmaligen Situation zu profitieren und neue Gewinne zu realisieren. Dass die politische Situation im Land als sehr stabil gelten kann, trägt weiter zur Attraktivität
des Standorts bei und bietet Investoren eine gewisse Planungssicherheit.

Die stärksten Wachstumsraten werden von der Automobilindustrie (ca. 7,5 %
pro Jahr), der Maschinenbauindustrie (ca. 10 % pro Jahr) und der Lebensmittel-
verarbeitungsbranche (ca. 22 % pro Jahr) verzeichnet. Direkt danach folgen die
Pharmaindustrie, die Baustoffbranche und die Textil- und Bekleidungsbranche.
Im internationalen Vergleich werden die meisten Autos in der VR China verkauft.
Angesichts der immensen Kapitalreserven und einer Bevölkerung von 1,3 Mrd.
Menschen ist es sehr wahrscheinlich, dass der Wachstumskurs der chinesischen
Wirtschaft noch lange anhält.

1.1.1 Fünfjahresplan

Die VR China veröffentlicht in regelmäßigen Intervallen Fünfjahrespläne. Diese
sollte jeder Unternehmer im Auge behalten, der in der VR Geschäfte tätigen und
langfristig erfolgreich sein will. Denn die chinesische Regierung setzt sich – anders
als andere – nicht aus einer Vielzahl von Parteien zusammen, die verschiedene
Ansichten vertreten und auf das Volk angewiesen sind, um gewählt oder wiederge-
wählt zu werden. In Demokratien verwenden Politiker viel Zeit für die Analyse der
gegenwärtigen Stimmung in der Bevölkerung und richten ihre Ziele oft neu aus, oft
zu Lasten programmatischer Strategien. Anders in China: Die Partei hat Langzeit-
ziele, die unabhängig von ihrer Popularität in der Bevölkerung verfasst und verfolgt
werden. Daher weist der Fünfjahresplan Ähnlichkeiten mit dem Businessplan eines
kapitalmarktorientierten Unternehmens auf: Die dort festgelegten Ziele sind nach
Ansicht der Regierung das Beste für die Entwicklung des Landes, sie werden strikt
umgesetzt. Dieses Konzept ist in China sehr erfolgreich, was an den Wachstums-
zahlen und der Entwicklung deutlich wird. Unternehmen können in hohem Maße
von dieser Situation profitieren. Sie können anhand des Fünfjahresplans herausfil-
tern, welche Industrien und Dienstleistungen in China in Zukunft gebraucht und
gefördert werden und passende Strategien entwickeln.

Der aktuelle zwölfte Fünfjahresplan startete im Jahr 2011 und läuft bis 2015.
Seine Schwerpunkte sind: „Modernisierung, Innovation und Nachhaltigkeit". Die
Entwicklung und Einfuhr neuer Technologien ist erwünscht, gleichzeitig soll die
Umweltbelastung reduziert werden.

Hauptsächlich geht es um:

- Modernisierung der Landwirtschaft
- Ausbau der Hochtechnologie
- Einführung moderner industrieller Herstellungsverfahren
- Energieeffizienz und Umweltschutz
- Energiegewinnung aus nicht-fossilen Energieträgern
- Forcierung moderner Dienstleistungen

Wer in China geschäftlich erfolgreich sein will, sollte vor dem Markteintritt und auch während seines Aufenthalts vor Ort möglichst viele Informationen über die jeweilige Branche und die Leitlinien der Regierung in Erfahrung bringen, um optimal agieren und wachsen zu können. Dabei können deutschsprachige Beratungsunternehmen sehr effizient helfen. Achten Sie darauf, dass Sie ein Beratungsunternehmen wählen, dass ein internationales Netzwerk hat, internationale Qualitätsstandards verfolgt und zugleich sehr gut auf dem chinesischen Markt etabliert ist. Nur so können Sie sicher sein, dass Sie in sowohl in der VR China als auch weltweit rechtlich und steuerlich optimal aufgestellt sind.

1.1.2 Joint Ventures

Auch in Bezug auf den Status ausländischer Firmen in China hat sich in den letzten Jahren enorm viel verändert. Zunächst durften Unternehmen aus dem Ausland nur ein Partnerschaftsunternehmen in China gründen. Nur die Gründung eines sogenannten Sino-Joint-Ventures war ausländischen Unternehmen gestattet, eine Hälfte des Joint Ventures musste einem chinesischen Unternehmen gehören. Da in China auch heute persönliche Kontakte zu potenziellen Kunden und Behörden besonders wichtig sind, kann es sehr sinnvoll sein, einen guten und zuverlässigen chinesischen Partner zu haben. Diesen zu finden und an sich zu binden ist allerdings ein langwieriger und schwerer Prozess.

In den letzten Jahrzehnten öffnete China seine Märkte zunehmend Schritt für Schritt. Ausländischen Investoren wurde in vielen Bereichen erlaubt, Unternehmen mit ausschließlich ausländischer Beteiligung zu gründen. Nach neuen Schätzungen wählen etwa 80 % der ausländischen Unternehmer diese Unternehmensform. Der Vorteil liegt in der vollständigen Kontrolle über Produktion, Vertrieb und geistige Eigentumsrechte.

1.2 Die chinesische Unternehmenskultur

1.2.1 Hierarchien

In China heißt es, dass Beziehungen nie auf gleicher Augenhöhe stattfinden können. Die Gestaltung von Geschäftsbeziehungen ist abhängig vom Alter, der Position und dem Titel des Gegenübers, ob er etwa Manager, Partner, Chairman oder dergleichen ist. Eine ältere Person ist von einer jüngeren besonders zu respektieren; gleiches gilt für eine Führungskraft und ihre Mitarbeiter. Die Hierarchie ist in China streng reglementiert und muss eingehalten werden. Im Arbeitsalltag erteilt der Vorgesetzte Anweisungen an seine Mitarbeiter und diese geben gegebenenfalls Instruktionen an ihre Untergebenen. Der Vorgesetzte gleicht einem Vater im traditionellen Sinn. Er ist streng, ihm wird gehorcht und er verdient Respekt und Loyalität. Ein Hinterfragen seiner Anweisungen gilt als respektlos, insbesondere, weil ihm im Falle einer zutreffenden Kritik Gesichtsverlust droht. Offene Kritik sollte daher in jedem Fall vermieden werden.

1.2.2 Kollektiv

Das Kollektiv spielt eine wichtige Rolle. Ein Individuum soll und muss sich selbst und seine persönlichen Interessen dem Gemeinwohl der Gruppe unterordnen. Die Gruppenzugehörigkeit geht weit über das westliche Teamverständnis hinaus und ist essenziell. Einzelkämpfer werden nicht geschätzt, sie stehen auf verlorenem Posten.

1.2.3 Parteizugehörigkeit

Die Kommunistische Partei Chinas (KPCh) ist immer und überall präsent. Unter den Mitarbeitern in jeder größeren Firma finden sich ihre Mitglieder. Führungskräfte von Unternehmen pflegen oftmals gute Beziehungen zur Partei, insbesondere, wenn es sich um eines der großen staatlichen Unternehmen wie China National Petroleum handelt. Beziehungen können in China generell wichtig sein, um erfolgreich ein Unternehmen zu führen.

1.2.4 Kommunikation

Auf viele Europäer wirkt das Verhalten chinesischer Dialogpartner zunächst befremdlich. Sie vermissen zum Beispiel die in der westlichen Welt übliche verbindliche Ausdrucksweise. Chinesische Verhandlungspartner wollen sich nicht festlegen oder nichts garantieren. Deshalb gehören „vielleicht" und „wahrscheinlich" zu den von ihnen am häufigsten verwendeten Worten überhaupt. Verständlicherweise empfinden es Europäer deshalb zunächst sehr als schwierig, mit Geschäftspartnern in Asien zu kommunizieren.

▶ **Die sechs wichtigsten Tipps für erfolgreiche Gespräche mit chinesischen Geschäftspartnern:**

1. Respektieren Sie Ihre Geschäftspartner. Beachten Sie insbesondere auf Rang, Alter, Parteizugehörigkeit, Titel, seine Firma (bekannte oder unbekannte Firma). Kritik an der chinesischen Kultur oder Politik ist generell nicht ratsam! Erheben Sie sich, wenn eine ranghohe Person den Raum betritt, an Ihren Tisch kommt oder Ihren Tisch verlässt.

2. Führen Sie immer eine zweisprachige Visitenkarte mit sich. Die eine Seite wie gewohnt auf Deutsch/Englisch, die andere auf Chinesisch. Geben und empfangen Sie Visitenkarten ausschließlich mit beiden Händen und leichter Verbeugung. Durch das gründliche Studieren einer erhaltenen Karte zeigen Sie Ihr besonderes Interesse und Ihren Respekt.

3. Geben Sie einem Chinesen nur nach Aufforderung die Hand. Drücken Sie die Hand nicht fest zu und vermeiden Sie ein zu offensives Bewegen der Hand. Senken Sie Ihren Blick.

4. Nehmen Sie sich bei allen Kontakten Zeit und wahren Sie Geduld. Zeit wird in China nicht im selben Maß als wertvolle Ressource betrachtet wie in Westeuropa. Chinesen lassen sich zudem ungern drängen.

5. Geschenke sind grundsätzlich ein wichtiger Bestandteil des chinesischen Geschäftslebens. Chinesen neigen dazu, ein Geschenk mehrfach abzulehnen, bevor sie es schließlich annehmen. Vermeiden Sie sehr teure Geschenke, denn diese könnten als Bestechungsversuch gewertet werden und erhebliche negative Auswirkungen auf ihre zukünftige Geschäftsbeziehung haben.

1.3 Drum prüfe, wer sich ewig bindet . . .

In der VR China gilt es, zwischen staatlichen und privaten Unternehmen zu differenzieren. Europäer neigen oft zu einem gravierenden Fehlurteil, wenn sie annehmen, dass eine staatliche Beteiligung mehr Sicherheit verspricht. Sie vertrauen darauf, dass staatliche Unternehmen verlässlichere und fairere Geschäftspartner seien als privaten Firmen. Dieses Vorurteil beruht auf der fehlerhaften Annahme, dass eine Regierungsbeteiligung einem Unternehmen mehr Stabilität verleiht und daher kein Grund zur Sorge besteht. Aber: Jedes Unternehmen und jede Organisation wird von Menschen geleitet. Es gibt auch in China zuverlässige, fähige Manager und solche, die dieses Prädikat weniger verdienen. Jeder geschäftliche Vertrag wird von Menschen unterzeichnet, und diese können auch in einem staatlich geführten Unternehmen Eigeninteressen verfolgen, die nicht mit denen der Geschäftspartner übereinstimmen. Vorsicht ist also bei der Zusammenarbeit mit staatlichen und privaten Unternehmen in gleichem Maße geboten.

Andererseits haben staatliche oder teilstaatliche Unternehmen oft besonders gute Beziehungen zu den Regierungsbehörden, was sich durchaus positiv auch auf Geschäftspartner auswirken kann. Dem Unternehmen kann es zum Beispiel leichter fallen, an großen Regierungsaufträgen beteiligt zu werden. Allerdings könnte sich genau das im Falle eines Konfliktes auch sehr negativ für den ausländischen Partner auswirken. Eine genaue Abwägung aller Vor- und Nachteile ist demnach wie immer der Schlüssel zum Erfolg.

Insgesamt haben sich Fairness und Zuverlässigkeit der chinesischen Unternehmensführungen im Umgang mit westlichen Partnern in den letzten Jahren sehr verbessert, da auch chinesische Unternehmensleitungen oft an langfristigen Lösungen interessiert sind, was ausländischen Investoren zu Gute kommt.

Trotz all dieser Verbesserungen lohnt sich immer ein genauer Blick auf das in Frage kommende Unternehmen. Eine Überprüfung erlaubt, den chinesischen Verhandlungspartner besser einzuschätzen, um nicht in den falschen Partner zu investieren und Geld sowie Zeit zu verlieren. In China gibt es Dienstleister, die darauf spezialisiert sind, Unternehmen schnell, gründlich und auch anonym zu überprüfen. Zumindest die folgenden **Minimalkriterien** sollten berücksichtigt werden:

1. Gibt es öffentlich zugängliche Informationen über das Unternehmen?
2. Wann erfolgte die Gründung und wie entwickelte sich das Unternehmen (einschließlich Datum der Börsennotierung und Informationen über die Aktienentwicklung, sofern das Unternehmen an der Börse notiert ist)?
3. Wer sind die Gründer und wer die aktuellen Eigentümer? Sind diese in gerichtliche Verfahren verwickelt oder sonst auffällig geworden?
4. Welche Struktur haben die Geschäftsführung und ihre wichtigsten Funktionen (gesetzlicher Vertreter, Direktor, Chairman etc.)?
5. Analysieren Sie außerdem
   – die Unternehmensstruktur
   – die finanzielle Situation

- die Geschäftspartner
- die Partnerfirmen
- die getätigten Investitionen
- den Kreditstatus und
- die Jahresabschlüsse der letzten drei Jahre (mindestens) und der Entwicklung des möglichen chinesischen Partnerunternehmens

Solche Überprüfungen sind relativ preiswert zu haben und lohnen sich in jedem Fall. Der Auftrag ist deutlich günstiger als ein Flug nach China und im Informationsgehalt für europäische Unternehmer weitaus effektiver.

Besonderheiten in Hong Kong 2

2.1 Autonome Sonderverwaltungszone

Hong Kong verlor 1997 den Status einer britischen Kronkolonie, kam unter chinesische Kontrolle und ist seitdem eine Sonderverwaltungszone. Hong Kong verfügt über eigene Gesetze und ist nicht vom chinesischen Festland abhängig. Die Autonomie umfasst alle Angelegenheiten, sofern sie nicht die Außenpolitik oder die Verteidigung betreffen. Hong Kong wird oft als Sprungbrett zum chinesischen Festland betrachtet und genutzt.

Die Vorteile einer Investition in Hong Kong sind:

- Nähe zum chinesischen Festland
- Rechtssicherheit durch ein sehr britisches Rechtssystem
- niedrige Steuersätze
- keine Handelsbarrieren
- zollfreier Zugang zum chinesischen Festland

Hong Kong besitzt eine eigene Währung, den sogenannten Hong-Kong-Dollar. Die offiziellen Sprachen sind Englisch, Kantonesisch und Mandarin.

2.2 Das Closer Economic Partnership Arrangement (CEPA)

Das Closer Economic Partnership Agreement (CEPA) ist ein Abkommen über eine engere wirtschaftliche Partnerschaft zwischen der Volksrepublik China und der Sonderverwaltungszone Hong Kong. Das CEPA wird zunehmend bedeutsam für ausländische Unternehmen, die sich in China zu etablieren wollen: „So gibt

R. Hoffmann, *Praxis-Leitfaden „Business in China"*,
DOI 10.1007/978-3-658-02494-9_2, © Springer Fachmedien Wiesbaden 2013

es bereits 1.407 Kategorien für Produkte ‚Made in Hong Kong', die zollfrei ins chinesische Festland eingeführt werden. Die Vorteile liegen auf der Hand. Das CEPA ist aber nicht nur für Produktexporte von Hong Kong nach China, sondern auch für Dienstleistungsunternehmen interessant. Die Liberalisierung geht sogar noch weiter, als es die Vereinbarungen des Festlandes mit der World Trade Organization (WTO) vorsehen. So besteht in vielen, für ausländische Unternehmen verbotenen Dienstleistungsbereichen ein so genannter „first-mover"-Vorteil: in Hong Kong ansässige Dienstleistungsunternehmen dürfen ein voll funktionsfähiges Dienstleistungsunternehmen auch auf dem chinesischen Festland gründen, was Dienstleistern aus beispielsweise europäischen Ländern untersagt ist. Um in den Genuss des CEPA-Abkommens zu kommen, kann die Gründung eines ersten Unternehmens in Hong Kong für auswärtige Investoren also durchaus sinnvoll sein, denn auf diesem Wege kann anschließend ein voll funktionsfähiges Dienstleistungsunternehmen in der VR China aufgebaut werden.

Die Unternehmensstruktur

3

3.1 Erst die Strategie – dann die Struktur

Nicht wenige westliche Geschäftsleute drängen in den chinesischen Markt, gründen irgendein Unternehmen und müssen nach einiger Zeit feststellen, dass die Geschäfte auf diese Art nicht ausgeführt werden können oder die steuerliche Situation nicht günstig ist. Eine Abänderung der Unternehmensstruktur ist teuer und kostet Zeit. Vermeiden Sie diesen Fehler! Bevor Sie sich auf eine Struktur festlegen, sollten Sie daher eine Unternehmensstrategie aufstellen:

- Zunächst sollten Sie sich darüber im Klaren sein, warum Sie in China investieren möchten.
- Wo wollen Sie Ihr Unternehmen ausbauen? Berücksichtigen Sie hierbei insbesondere die Infrastruktur.
- Welche Produkte aus Ihrer Produktpalette wollen Sie in China anbieten?

Erst, wenn diese Fragen geklärt sind, sollten Sie in einem zweiten Schritt das „Wie" herausfinden, also festlegen, mit welcher Struktur Sie Ihr Vorhaben verwirklichen können. Im folgenden Kasten sind noch einmal die wichtigsten Grundfragen zusammengefasst, die unbedingt klar beantwortet sein müssen, bevor Sie in China investieren.

Grundfragen zum geschäftlichen Vorhaben

- Wollen Sie Produkte aus China kaufen oder nach China verkaufen?
- Brauchen Ihre Kunden eine chinesische Rechnung (sogenannte Fapiao)?
- Wollen Sie in China produzieren?
- Wollen Sie chinesische Mitarbeiter anstellen?

R. Hoffmann, *Praxis-Leitfaden „Business in China"*,
DOI 10.1007/978-3-658-02494-9_3, © Springer Fachmedien Wiesbaden 2013

- Wollen oder brauchen Sie einen chinesischen Partner?
- Wollen Sie Dienstleistungen für chinesische Kunden anbieten?
- Wollen Sie chinesische Unternehmen in Europa unterstützen?
- In welcher Provinz in China befinden sich Ihre Kunden?
- Wo wollen Sie das Unternehmen gründen?

Den nächsten Schritt bildet die Analyse der unterschiedlichen Rechtsformen. Was passt für Ihr Geschäftsmodell?

Mögliche Organisations- bzw. Rechtsformen

- Handel durch Distributoren oder Agenten
- Beschäftigung eines freien Mitarbeiters
- Gründung einer Repräsentanz in China
- Gründung einer eigenen Gesellschaft in China
- Gründung eines Joint Ventures in China
- Gründung eines Partnerschaftsunternehmens in China
- Gründung einer Firma in Hongkong
- Kauf eines Unternehmens in China

Die richtige Wahl ist wichtig, um langfristig erfolgreich zu sein. Im Folgenden werden Sie weitere Erläuterungen zu den Begriffen und zu den verschiedenen Möglichkeiten und Rechtsformen finden.

3.2   Repräsentanz

Mit einer Repräsentanz „präsentiert" sich die Mutterfirma auf dem chinesischen Markt. Solche Repräsentanzen (Representative Offices – RO) sind einfach, günstig und schnell zu gründen. Sie sind deshalb eine beliebte Möglichkeit für ausländische Investoren, um in China Fuß zu fassen. Eine Repräsentanz kann zwar nicht selbst Produkte verkaufen und darf auch keine chinesischen Rechnungen (Fapiao) für den Absatz von Produkten ausstellen, sie kann aber chinesische Mitarbeiter einstellen, den Markt analysieren und Beschaffungsaktivitäten sowie das Marketing koordinieren.

Repräsentanzen sind nützlich für:

- Marketingaktivitäten
- Marktforschung

- Geschäftsanbahnung
- Entsendung von Mitarbeitern nach China (Aufenthaltsgenehmigung, Arbeits-genehmigung, Visa)
- Einstellung chinesischer Mitarbeiter (nur über einheimische Personalagenturen/HR Service Provider möglich, z. B. FESCO, China Star oder CIIC)
- Kontaktanbahnung und -erhaltung
- Präsentation und Einführung eines Produktes
- Qualitätskontrolle

Repräsentanzen sind hilfreich und sinnvoll, wenn es darum geht, Handelsbeziehungen zwischen der Muttergesellschaft im Ausland und dem Vertragspartner in China aufzubauen, auszuweiten oder zu kontrollieren.

3.2.1 Die Gründung einer Repräsentanz

Für die Gründung einer Repräsentanz in China sollten Sie zwei bis vier Monate einplanen. Folgende Formalitäten sind wichtig und sollten unbedingt beachtet werden:

- Jedes Dokument muss im Format A4 eingereicht werden.
- Alle Dokumente, die dem Staat vorgelegt werden, müssen mit einem schwarzen Füller unterschrieben werden.
- Die Unterschrift auf dem Dokument muss mit der Unterschrift auf dem Reisepass übereinstimmen.

Seit 2011 müssen folgende Dokumente eingereicht werden:[1]

- Antragsformular zur Gründung eines Representative Offices für das lokale Handelsministerium in China (in zweifacher Ausführung, beide als Original)
- Antragsformular zur Gründung eines Representative Offices → unterschrieben von der Muttergesellschaft (in zweifacher Ausführung, beide als Original)
- Kreditwürdigkeit der Muttergesellschaft, ausgestellt von der Hausbank der Muttergesellschaft (in zweifacher Ausführung, Kopien müssen notariell beglaubigt und durch die chinesische Botschaft in dem Land des Investors verifiziert werden)

---

[1] Die Anforderungen beziehen sich auf Peking. Andere Städte können geringfügig abweichen.

- Handelsregisterauszug der Muttergesellschaft; Achtung: Seit 2011 muss die Mutterfirma mindestens zwei Jahre existieren, bevor sie eine Repräsentanz gründen darf (in zweifacher Ausführung, Kopien müssen notariell beglaubigt und durch die chinesische Botschaft im Land des Investors verifiziert werden)
- Satzung der Gesellschaft bzw. Gesellschaftsvertrag der Hauptzentrale (in zweifacher Ausführung, Kopien müssen notariell beglaubigt und durch die chinesische Botschaft im Land des Investors verifiziert werden)
- Vollmacht des Chefrepräsentanten zur Gründung des Representative Offices in China durch die Mutterfirma (in zweifacher Ausführung, Kopien müssen notariell beglaubigt und durch die chinesische Botschaft im Land des Investors verifiziert werden)
- Ernennungsschreiben des Chefrepräsentanten und anderer Repräsentanten; Achtung: Seit 2010 sind maximal vier Repräsentanten inkl. Chefrepräsentant für ein Representative Office erlaubt)
- Kopie der Pässe der Chefrepräsentanten (in zweifacher Ausführung, Kopien müssen notariell beglaubigt und durch die chinesische Botschaft im Land des Investors verifiziert werden,
- Benennung eines Ansprechpartners, sodass die Behörden in China wissen, mit wem sie kommunizieren dürfen (in zweifacher Ausführung, beide als Original),
- Vollmacht zur Registrierung beim lokalen Handelsministerium (in zweifacher Ausführung, beide als Original,
- Ist ein chinesischer Staatsbürger als Chefrepräsentant vorgesehen: dieser muss durch einen einheimischen HR Service Provider (wie FESCO, China Star oder CIIC) angestellt werden – ein entsprechender Vertrag muss vorgelegt werden (einfache Ausführung, im Original)
- Büro-Mietvertrag für das Representative Office; der Mietvertrag sollte vom Vermieter und vom Mieter unterschrieben und abgestempelt werden; die Mietdauer sollte ein Jahr überschreiten (zweifache Ausführung),
- Eigentumsnachweis des Vermieters, vom Vermieter mit Stempel beglaubigt (in Kopie und in zweifacher Ausführung),
- Geschäftslizenz des Vermieters (zweifache Kopie, mit Stempel),
- Lebenslauf des Chefrepräsentanten ab dem 18. Lebensjahr (im Original und mit drei Passbildern),
- weitere acht Passbilder des Chefrepräsentanten,
- Antragsformular für Stempel des Representative Offices (in zweifacher Ausführung),
- Antragsformular für das Amt für öffentliche Sicherheit und Ordnung (zweifache Ausführung).

3.2.2 Wertvolle Tipps für die Gründungsphase

Repräsentanzen dürfen nur bestimmte Gebäude anmieten. Die Gebäude müssen als Gewerbeimmobilien zugelassen sein. In vielen Städten wird verlangt, dass Repräsentanzen nur erstklassige Gebäude, sogenannte Gebäude der Klasse A, anmieten. Der Nachweis über diese Gebäudeklasse wird vom Ministerium ausgestellt. Der Vermieter muss das Eigentum an den Geschäftsräumen durch eine Eigentumsurkunde nachweisen und eine Gewerbeerlaubnis zur Vermietung besitzen. Vorsicht bei ausländischen Vermietern: Sie dürfen oft nicht an Repräsentanzen vermieten, sodass deren Räume nicht zur Registrierung der Repräsentanz genutzt werden können.

▶ Vergewissern Sie sich unbedingt, dass Sie das Gebäude auch anmieten dürfen, bevor Sie den Mietvertrag unterzeichnen oder eine Kaution zahlen. Eine kurze Anfrage bei der lokalen Industrie- und Handelsbehörde verschafft Klarheit und spart Ärger und Kosten.

Chinesische Antragsformulare Die Antragsformulare und Dokumente sind sämtlich in chinesischer Schriftsprache auszustellen. Es gibt Anbieter in China, dies sich darauf spezialisiert haben. Deren Beauftragung kann Ihnen sehr viel Zeit und Kosten sparen.

Anmeldeverfahren Mehr als zehn Schritte sind zu durchlaufen, um eine Repräsentanz in China zu gründen. Die Unterlagen werden zur Registrierung bei verschiedenen Behörden eingereicht – bei der lokalen Industrie- und Handelsbehörde, der Steuerbehörde, der Arbeitsbehörde, der Devisenbörde, dem Zoll, dem Statistikbüro und weiteren. Wichtig ist, dass Sie sich rechtzeitig bei den Steuerbehörden melden. Denn die Steuerbehörden reagieren mit empfindlichen Strafen auf verspätete Registrierungen. Dies kann bis zum Entzug der Genehmigung oder des Visums gehen.

Änderung Ihrer Repräsentanz Fast jede Änderung bei der Repräsentanz muss den Behörden gemeldet werden. Das betrifft zum Beispiel Umzüge, Namensänderungen, Änderungen hinsichtlich des Chefrepräsentanten u. Ä. Dafür muss stets ein Antrag eingereicht und dieser muss genehmigt werden.

3.2.3 Besonderheiten in Shanghai

Beglaubigte Mietverträge In Shanghai wird ein beglaubigter Mietnachweis verlangt, welcher bei der Immobilienbehörde erhältlich ist. Es handelt sich um eine beglaubigte Kopie des Originals. Eins dieser Dokumente muss bei der lokalen Steuerbehörde in Shanghai eingereicht werden, das andere bei der Behörde für Industrie und Handel.

Regierungsvertreter   In Shanghai dürfen alle Anträge für Registrierungen nur von Regierungsvertretern eingereicht werden, was zu weiteren Kosten, Verzögerungen und zusätzlichem Verwaltungsaufwand führt. Die Anmeldungen sind den professionellen Dienstleistungsfirmen also aus der Hand genommen, obwohl einiges dafür spräche, denn im Gegensatz zu Regierungsvertretern arbeiten sie meist schneller und effizienter, da sie diese Aufgaben regelmäßig erledigen könnten und einen größeren spezifischen Erfahrungsschatz aufgebaut haben.

3.3   Gesellschaft mit ausschließlich ausländischer Beteiligung (WFOE)

80 % aller ausländischen Investoren gründen auf dem chinesischen Festland Gesellschaften mit ausschließlich ausländischer Beteiligung (WFOE, sprich „Wuufie"). Dies ist also die beliebteste Unternehmensform für alle, die in China produzieren, Dienstleistungen anbieten oder Handel betreiben wollen. Die Vorteile einer WFOE sind:

- 100 % ausländisches Eigentum und Kontrolle möglich
- beschränkte Haftung, ähnlich wie bei einer deutschen GmbH
- Sicherheit von Technologien und geistigem Eigentum
- Möglichkeit zu Vertragsabschlüssen
- Möglichkeit der chinesische Rechnungsstellung, sogenannter Fapiao[2]
- direkte Anstellung von Mitarbeitern
- Anstellung beliebig vieler Mitarbeiter aus dem Stammland des Unternehmens oder anderer nichtchinesischer Nationalitäten
- Möglichkeit der Gewinnrückführung

3.3.1   Gründung

Eine Hauptmotivation für die Gründung einer WFOE ist der extrem nachfrageorientierte Markt in China. Chinesische Konsumenten kaufen gerne und viele

---

[2] Siehe bei Fußnote 1.

westliche Produkte und Dienstleistungen ein. Damit sie dies auch steuerlich geltend machen können, muss der Anbieter die Möglichkeit haben, eine chinesische Rechnung, die sogenannte Fapiao, auszustellen. Da die WFOE die Fapiao ausstellen darf – im Gegensatz zur Repräsentanz –, ist sie eine beliebte Organisationsform, um mit chinesischen Kunden Handel zu treiben bzw. ihnen Produkte und Dienstleistungen anzubieten. Da sich die Marktgegebenheiten in China sehr verändert haben, sprechen viele Gründe dafür, von vornherein eine WFOE zu gründen und nicht nur eine Repräsentanz. Allerdings sollte dies im Einzelfall erörtert werden. Im Zweifel ziehen Sie besser eine vor Ort ansässige Rechtsberatung zurate.

3.3.2 Geschäftsumfang

Der präzise und authentisch formulierte Geschäftsumfang, der zudem mit Ihren Zielen übereinstimmt, ist ein wichtiger Schritt auf dem Weg zur Gründung einer eigenständigen Firma. Er muss der genauen Prüfung von zwei Behörden standhalten. Eine falsche oder ungeschickte Wortwahl kann leicht das endgültige „Aus" für Ihr Vorhaben bedeuten. Ihnen könnte sogar verboten werden, jemals wieder ein Unternehmen in China zu gründen. Auch die Steuerbehörden werden sich Ihren Geschäftsbereich genau ansehen, ihn sorgfältig überprüfen und daraufhin eines der Steuermodelle für Ihr Unternehmen festlegen.

Mit einer WFOE können Sie ausschließlich in dem Geschäftsbereich agieren, der von den Behörden genehmigt wurde. Sie müssen ihn daher sehr genau formulieren. Bitte beachten Sie, dass in China generell auf höchste Genauigkeit in geschäftlichen Dingen Wert gelegt wird. Handeln Sie daher strategisch und mit Bedacht, wenn Sie Ihre Firma in China gründen.

3.3.3 Das erforderliche Stamm- oder Registrierungskapital

Eine WFOE in China muss mit genügend Stamm- oder Registrierungskapital ausgestattet werden. Das erforderliche Stammkapital ist abhängig vom gewählten Standort in der VR China und der anvisierten Branche. Damit wurde bewusst eine Eintrittsbarriere geschaffen, um sicherzustellen, dass diese Unternehmen von ausreichender Qualität und Finanzkraft sind. Deshalb ist es auch sehr wichtig, dass Sie nicht einfach das Minimum an Kapital wählen, nur weil die Vorschriften dies erlauben. Denn damit gehen Sie das Risiko ein, dass sich Ihr Geschäft als unterfinanziert erweist oder gar nicht erst genehmigt wird. Die Entscheidung über die Höhe des Registrierungskapitals ist also nur zum Teil Ihre betriebswirtschaftliche

Entscheidung, sie besitzt auch große strategische Bedeutung und hängt zudem von der Einschätzung der bearbeitenden Beamten ab.

Die rechtliche Mindestkapitalanforderung an ein inländisches Handels-, Produktions- oder Dienstleistungsunternehmen beträgt 30.000 RMB. Dieser Betrag steigt jedoch sofort auf 100.000 RMB bei Tochtergesellschaften, die nur einen Investor haben.

Das Stammkapital ist der eigentliche Beitrag, welcher in die Gesellschaft einfließt. Dieser kann in Form von Bargeld, Gegenständen oder industriellen Eigentumsrechten wie Patenten, Markenrechten, technischem Know-how oder Landnutzungsrechten erbracht werden.

Die drei wesentlichen Aspekte der Mindestkapitalanforderung

1. Dieser Betrag beschränkt die Haftung der Gesellschaft und definiert deren Kreditwürdigkeit.
2. Eine höhere Investition per Stammkapital bietet den Vorteil, dass die Gesellschaft steuerfrei finanziert werden kann. Spätere Refinanzierungen (Eigenkapitalnachschuss) sind dagegen oft mit Steuern behaftet.
3. Die Bedeutung des Stammkapitals für operative Tätigkeiten in China ist ebenfalls nicht zu unterschätzen. Das Stammkapital muss genügend Spielraum lassen, um die Gesellschaft zu finanzieren, bis diese sich durch positiven Geldfluss (Cashflow) selbst trägt. Zu niedriges Stammkapital kann zu finanziellen Engpässen führen, bevor ein positiver Geldfluss erreicht wird. Nachträglich Geld in eine WFOE zu transferieren ist schwierig, da China eine sehr strenge Devisenpolitik verfolgt. Grundsätzlich gilt deshalb: je mehr Stammkapital, desto besser.

In der Praxis unterscheidet sich der Mindestkapitalbedarf stark, je nachdem, an welchem Standort und in welcher Branche Ihr Unternehmen tätig ist. Beispielsweise ist eine Handels-WFOE in Peking mit 100.000 RMB einem ganz anderen Kapitalbedarf ausgesetzt als eine Handels-WFOE in Guangzhou oder Schanghai (jeweils 500.000 RMB).

3.3.4 Die Gesamtinvestition

Darüber hinaus empfehlen wir Ihnen dringend, dem Gesellschaftsvertrag ein weiteres Kapitel hinzuzufügen, das sich mit der Gesamtinvestition (Total Investment) befasst. Die Gesamtinvestition ist definiert als die Gesamtsumme des Kapitals, welches für die grundlegenden Einrichtungen und den Geldfluss des betrieblichen Ablaufs des Unternehmens vorgeschlagen wird. Dagegen ist das Stammkapital das Eigenkapital, das bei den lokalen Behörden eingezahlt werden muss. Es kann sofort nach bestätigter Einzahlung genutzt werden, wird jedoch nur niedrig von den Behörden verzinst. Es bestimmt den Haftungsrahmen der Gesellschaft.

Die Differenz zwischen dem Stammkapital und der Gesamtinvestition kann mit Krediten von Investoren oder ausländischen Banken finanziert werden. Beachten Sie die Beziehung zwischen Stammkapital und Gesamtinvestition, falls Sie weiteres Fremdkapital oder sonstige Finanzierungsleistungen von Ihrer Muttergesellschaft oder anderen Finanzinstituten erhalten möchten. Es kostet Sie nichts, sich diese Tür offen zu halten. Gibt es im Gesellschaftervertrag die Unterscheidung zwischen Stamm- und Gesamtkapital nicht, verbauen Sie sich selbst die Möglichkeit weiteres Kapital steuerfrei in die Gesellschaft einzubringen.

Beispiel

In eine Gesellschaft mit einem Stammkapital in der Höhe von USD 500.000.- können zusätzlich USD 150.000.- steuerfrei über einen Kredit der Muttergesellschaft, Investoren oder Finanzinstitute eingebracht werden. Dies ergibt eine steuerfreie Gesamtinvestition von USD 650.000.-

3.3.5 Handlungsempfehlungen bei Unterfinanzierung

Nach Abschluss der Gesellschaftsgründung gibt es grundsätzlich zwei Wege zur Refinanzierung der Gesellschaft:

1. Dienstverträge: Hierbei entsteht zusätzlicher Aufwand, da auf alle Geldflüsse eine Dienstleistungssteuer von ca. vier bis sieben Prozent erhoben wird.
2. Erhöhung des Stammkapitals: Nachteilig ist hierbei der langwierige bürokratische Prozess, da alle bestehenden Dokumente entsprechend geändert werden müssen. Dabei gehen nach unserer Erfahrung rund zwei Monate verloren. Für eine Gesellschaft, die ohnehin schon in finanziellen Schwierigkeiten ist, sind derartige Zeiträume schwer ohne Liquidität zu überstehen.

▶ **Fazit** Es ist wichtig, am Anfang genug Stammkapital in die Firma zu investieren und Zahlungsströme genau zu verfolgen, um frühzeitig reagieren zu können.

3.3.6   Der Gründungsprozess

3.3.6.1   Feasibility Study Report oder die Durchführbarkeitsuntersuchung

Die **Durchführbarkeitsuntersuchung** ähnelt einem vereinfachten Businessplan. Es muss auf wenigen Seiten dargelegt werden, wie das Geschäft in China vorangetrieben, wann Gewinn erwirtschaftet und welches Kapital in die Firma eingezahlt werden soll. Mithilfe der Durchführbarkeitsuntersuchung ermitteln die Behörden, ob Ihr vorgeschlagenes Registrierungskapital ausreichend ist. Die Prüfung wird vom Handelsministerium oder seinen lokalen Amtsniederlassungen durchgeführt. Wichtig ist im Plan eindeutig darzulegen, dass Sie in China Gewinne erzielen wollen. Sollten sie das versäumen, wird Ihnen die Genehmigung versagt. In China sind nur WFOEs erlaubt, die Gewinne machen. Sollten über einen längeren Zeitraum hinweg Verluste erwirtschaftet werden, wird dies von den Finanzbehörden akribisch geprüft und kann auch zur Aberkennung Ihrer Geschäftslizenz führen. Die Anmeldung zur Prüfung erfolgt nach einem Standardverfahren und auf Chinesisch.

3.3.6.2   Umweltschutzprüfung für produzierende Unternehmen

Der Umweltschutz spielt in China eine zunehmend wichtige Rolle. Nur wenn Ihr Konzept mit den Umweltschutzrichtlinien des chinesischen Staates übereinstimmt, wird man Ihnen die Produktion von Gütern erlauben. Die Genehmigung und Überprüfung erfolgt durch eine Behörde der Regierung und kann mehrere Monate dauern, dadurch kann sich Ihre Betriebsaufnahme deutlich verzögern. Die Umweltschutzauflagen sind niedriger als in Deutschland, erfahren aber aktuell einen zusätzlichen Schub.

3.3.6.3   Die wichtigsten Bestandteile des Gesellschaftsvertrags

Der Gesellschaftsvertrag ist das wohl wichtigste Dokument einer jeden Firmengründung in China. Er legt fest, wie hoch das Stammkapital ist, wer der Investor, und wer der rechtliche Vertreter ist, wie lange die Firma existieren wird, wo sie gegründet wird, welchen Geschäftsbereich sie hat und welchen Namen sie trägt. Es ist wichtig, dass der Gesellschaftsvertrag gut durchdacht und strukturiert wird. Leider wollen viele Unternehmen zu schnell auf den chinesischen Markt und machen den Fehler, die Unternehmensrichtlinien als einfache Formalitäten zu betrachten, für die sie sich kaum Zeit nehmen.

Der Gesellschaftsvertrag regelt die folgenden Punkte:

- **Geschäftsumfang:** Der Geschäftsumfang muss präzise und knapp, aber unbedingt authentisch formuliert werden und mit Ihren Zielen übereinstimmen. Es ist wichtig, dass Sie sich die Möglichkeit zur Expansion offen halten. Das Dokument ist auf Chinesisch zu verfassen.
- **Gesamtinvestition:** Wie bereits dargelegt, ist dringend zu empfehlen, in den Gesellschaftsvertrag ein Kapitel aufzunehmen, das sich auf die Gesamtinvestition (Total Investment) bezieht, um Steuern zu sparen und mehr Flexibilität hinsichtlich der Einfuhr von Kapital aus dem Ausland zu haben.
- **Rückzugsstrategie und Liquidation:** Chinesische Behörden verlieren nicht gerne Steuerzahler – vor allem, wenn sie den Behörden noch Steuern schuldig sind! Mit einer Firmengründung hat der chinesische Staat einen Steuerzahler hinzugewonnen – deshalb kann die Liquidierung eines Unternehmens in China sehr schwierig sein. Wir empfehlen daher dringend, auch ein Liquidationskapitel in die Satzung mit aufzunehmen. Sobald die Behörden Ihre Firma genehmigen, genehmigen sie so auch Ihre Liquidationsschritte im Fall der Fälle.
- **Gewinnrückführung:** Gewinne aus China auszuführen kann teuer sein. Eine mögliche Strategie ist der Weg über Hongkong. Sie können dadurch bis zu 50 % der Steuern sparen. Außerdem gibt es die Möglichkeit, mit Dienstleistungen, Lizenzen sowie Kosten für Forschung und Entwicklung der WFOE Rechnungen zu erstellen, um Gewinne zurückzuführen. Wichtig ist, sich hierbei mit der Problematik der Verrechnungspreise vertraut zu machen.

3.4   Ausländische Handelsgesellschaften (FICE)

Ausländische Investoren können auch Handelsunternehmen gründen. Diese werden teilweise als Foreign Invested Commercial Enterprise (FICE) bezeichnet oder einfach als Handels-WFOE. Eine Handelsfirma darf in China folgende Tätigkeiten ausführen:

- Produktimporte nach China
- Produktexporte nach Europa, USA, etc.
- Handel innerhalb von China durch Geschäfte, Verkaufsautomaten oder Versand

Eine Handelsfirma garantiert die Kontrolle über den Handel, die Produktpräsentation und die Produktqualität. Sie kann Produkte selbst importieren und exportieren. Eine Hilfskraft für die Zollabwicklung muss nicht extra beauftragt werden. Für chinesische Kunden kann die chinesische Rechnung, die Fapiao, ausgestellt werden.

Wichtig ist, dass nicht jedes Produkt frei nach China eingeführt und dort verkauft werden darf. Vielmehr muss der Import zuvor genehmigt werden. Im Rahmen des Genehmigungsverfahrens wird überprüft, ob das Produkt der chinesischen Bevölkerung oder der Umwelt schaden könnte. Der Handel mit bestimmten Produkten wie Büchern oder etwa Petroleum und Benzin ist stark eingeschränkt. Das Genehmigungsverfahren selbst kann sehr schnell gehen und in wenigen Tagen erledigt sein – aber auch mehrere Monate dauern. Das hängt vor allem von der Komplexität des Produktes ab. Viele Produkte sind mittlerweile bereits in China registriert und brauchen deshalb nicht noch einmal genehmigt zu werden. Dann erübrigt sich das Genehmigungsverfahren und man kann direkt mit dem Verkauf starten. Die äußerst umfangreiche Auflistung dieser Produkte wird jährlich von den Zollbehörden aktualisiert und in chinesischer Schriftsprache online veröffentlicht.

Eine Handelsfirma in China (FICE) wird meist in Form einer WFOE geführt. Daher sind außerdem die oben erwähnten Ausführungen zu berücksichtigen.

3.5 Joint Venture – Gemeinschaftsunternehmen

Joint Ventures waren die erste Möglichkeit für ausländische Investoren, am chinesischen Markt teilzuhaben. Ein Joint Venture ist ein Unternehmen, das zum Teil einem chinesischen Investor und zum Teil einem ausländischen Investor gehört. Es gibt einige sehr erfolgreiche Joint Ventures, etwa im Automobilbereich oder im Schienenverkehr (z. B. BMW AG mit Brilliance China Auto). Wichtig ist, dass beide Seiten die gleichen Ziele verfolgen. Bedauerlicherweise war dies offenbar nicht immer der Fall, was sich darin widerspiegelt, dass die Zahl der Gründungen von Joint Ventures von 32,2 % aller Neugründungen im Jahre 2004 auf 18,1 % im Jahre 2012 zurückging. Allerdings bedeutet das nicht, dass die Unternehmensform des Joint Ventures dem Untergang geweiht ist. Insbesondere durch den starken Trend zu mehr Umweltschutz sind Joint Ventures seit einigen Jahren wieder im Kommen. Wichtig ist, dass Sie die Wünsche und Ansprüche Ihrer chinesischen Partner verstehen. Die auch als Sino Joint Venture bezeichneten Gemeinschaftsunternehmen werden in China gerne mit einer Ehe verglichen: „Dasselbe Bett, aber unterschiedliche Träume". Stellen Sie daher sicher, dass Sie und ihr chinesischer Partner die gleichen Ziele vor Auge haben.

3.5.1 Warum ein Joint Venture?

Natürlich ist es in der Regel besser, eine eigene Gesellschaft, also eine WFOE oder FICE, zu gründen. Damit können Eigentumsrechte, Verkaufskanäle und auch das Geschäft zu 100 % vom Investor selbst kontrolliert werden. Dennoch gibt es auch gute Gründe, ein Joint Venture mit einem chinesischen Partner einzugehen:

1. Zum einen kann sich die Notwendigkeit aufgrund gesetzlicher Vorschriften ergeben. Manche Geschäftsvorhaben sind nach chinesischem Recht nur mit einem chinesischen Partner erlaubt. Oft muss der chinesische Partner dann mit mehr als 50 % an Ihrem Unternehmen beteiligt sein. Typische Beispiele: die Automobil- und die Energieindustrie. Wollen Sie in einem dieser Segmente in China aktiv werden, brauchen Sie laut Gesetz einen chinesischen Partner.
2. Zum anderen kann ein Joint Venture zweckmäßig für Sie sein, da Ihnen ein chinesischer Partner handfeste Vorteile bieten kann: zum Beispiel ein Grundstück oder exzellente Verkaufskanäle und ein festes Netzwerk.

3.5.2 Arten von Joint Ventures

Je nach Zweck und Ziel sollte die richtige Struktur des Joint Ventures gewählt werden. Grundsätzlich stellt sich die Frage, was Sie mit Ihrem chinesischen Partner unternehmen wollen, wozu und wie lange Sie ihn brauchen. In China gibt es zwei Arten von Joint Ventures: das Gemeinschaftsunternehmen mit eigener Rechtspersönlichkeit (Equity Joint Venture, auch EJV genannt) sowie das kooperative oder vertragliche Joint Venture (Contractual oder Cooperative Joint Venture, auch CJV genannt).

Die chinesischen Gesetze für Joint Ventures gibt es schon relativ lange. EJVs und CJVs werden vom chinesisch-ausländischem Unternehmensgesetz für Joint Ventures aus dem Jahre 1979 und dem chinesisch-ausländischen Kooperationsgesetz für Joint Ventures aus dem Jahre 1988 und ihren post-hoc Änderungen reguliert.

Wenn ein Joint Venture gegründet werden muss, wenn also die gesetzlichen Regeln die Notwendigkeit einer chinesischen Beteiligung festlegen, kommt grundsätzlich nur ein EJV in Betracht. Ob in anderen Fällen ein EJV oder ein CJV gegründet werden soll, richtet sich nach dem Einzelfall. EJV sind sehr viel starrer, garantieren aber mehr Rechtssicherheit. CJV sind flexibel hinsichtlich der Kapitaleinführung, des Managements und der Gewinnausschüttung.

Die Unterschiede zwischen dem EJV und dem CJV sind im Wesentlichen folgende (Tab. 3.1):

Tab. 3.1 Wichtige Unterschiede zwischen EJV und CJV

Equity Joint Ventures (EJVs)	Contractual Joint Ventures (CJVs)
EJVs sind immer Unternehmen mit beschränkter Haftung.	CJVs haben ein Wahlrecht: Entweder funktionieren sie als Unternehmen mit beschränkter Haftung oder als eine nicht juristische Person
EJVs haben eine zweistufige Organisationsstruktur: Aufsichtsrat Managerteam	CJVs brauchen nur einen Aufsichtsrat und einen General Manager (oder Betriebsrat)
Kapitaleinzahlungen werden durch Gutachter genau überprüft	Der Wert der Kapitaleinträge kann selbstständig festgelegt werden
Gewinnausschüttung richtet sich nach prozentualem Eigentum am EJV	Gewinnausschüttung kann frei festgelegt werden

Hinsichtlich des Stammkapitals sind die bei der WFOE dargelegten Hinweise zu beachten, die unbedingt auch bei der Gründung eines Joint Ventures berücksichtigt werden sollten.

3.5.3 Die Gründungsschritte für ein Joint Venture

Bei der Gründung eines Joint Ventures sind über 30 Dokumente bei den Behörden einzureichen. Die beiden wichtigsten Dokumente sind:

- der Joint-Venture-Vertrag
- die Gesellschaftssatzung

Stellen Sie sicher, dass insbesondere diese beiden Dokumente sehr sorgfältig und detailliert erstellt werden und dass die Pflichten und Aufgaben exakt aufgelistet und aufgeteilt sind, um spätere Missverständnisse zu vermeiden.

Vor der eigentlichen Gründung sollte die chinesische Partnerfirma einer Vorprüfung unterzogen werden. Es hat sich bewährt, dies in zwei Schritten zu tun.

1. Credit and Background Check
2. Due Diligence

3.5.3.1 Credit and Background Check

Ein sogenannter Credit and Background Check lohnt sich immer. Er geht schnell, ist anonym (das heißt, das Unternehmen wird nie erfahren, dass es geprüft wird), ist kostengünstig und hilft erheblich dabei, den Vertragspartner vorher einzuschätzen zu können. In China gibt es dafür spezielle Dienstleister. Typische Überprüfungskriterien sind:

- Öffentlich zugängliche Informationen über das chinesische Unternehmen
- Gründungsgeschichte und Entwicklung des chinesischen Unternehmens (einschließlich Datum der Börsennotierung und Informationen über die Aktientwicklung, sofern das Unternehmen an der Börse notiert ist)
- Recherche und Analyse über die Eigentümer und Gründer (wer sind sie? Sind diese verklagt oder sonst auffällig geworden?)
- Analyse der Geschäftsführung und der wichtigsten Funktionen (gesetzlicher Vertreter, Direktor, Chairman, etc.)
  - Analyse der Unternehmensstruktur des chinesischen Unternehmens
  - Analyse der finanziellen Situation
  - Analyse der Geschäftspartner Analyse der Partnerfirmen
  - Analyse der Investitionen
  - Analyse des Kreditstatus
  - Analyse der Jahresabschlüsse mindestens der letzten drei Jahre und der Entwicklung des Unternehmens.

Diese Überprüfung lohnt sich in jedem Fall und sollte unbedingt durchgeführt werden, bevor Geld in teure Flugtickets und Geschenke investiert oder zu viele Hoffnungen in den chinesischen Partner gelegt werden. Allerdings kann dieser Credit and Background Check keine richtige rechtliche und finanzielle Sorgfaltsüberprüfung, die sogenannte Due Diligence, ersetzen.

3.5.3.2 Due Diligence

Die Due Diligence analysiert das Zielunternehmen um einiges genauer. Sinnvoll ist sie vor allem, um ein besseres Verständnis für die Risiken und Chancen des Joint Ventures zu entwickeln. Die wichtigsten Kriterien sind:

Eigentums- oder Landnutzungsrechte Der chinesische Partner bringt oft Land in das Joint Venture ein. Hier ist zu überprüfen

- ob ihm das Land tatsächlich gehört oder er nur Nutzungsrechte hat,
- ob das Land vielleicht dem Eigentümer des chinesischen Unternehmens, aber nicht dem Unternehmen selbst gehört,
- ob das Land mit Schadstoffen belastet und deshalb nicht nutzbar ist,

- ob der Preis des Landes richtig angegeben ist,
- ob das Land auch in Zukunft weiter für das Joint Venture genutzt werden
- darf und
- ob keine Hypotheken und andere Verbindlichkeiten auf dem Land lasten.

Weitere Ausführungen zur Due Diligence finden Sie in Kap. 5.

3.5.3.3 Gründungsverfahren

Erst, wenn diese beiden Überprüfungen durchgeführt wurden, sollte mit der Gründung des Joint Ventures fortgefahren werden. Die Gründung selbst ähnelt sehr der einer WFOE, deshalb verweisen wir an dieser Stelle auf die Ausführungen in Kap. 3.3.

Zusätzlich sollten vorab in einem unverbindlichen Memorandum of Understanding die Konzepte des Joint Ventures dargelegt werden. Beide Joint-Venture-Partner sollten hierüber Einigkeit erzielen. Dieses Dokument ist rechtlich unverbindlich und muss deshalb nicht auf Chinesisch geschrieben werden. Zudem muss ein Joint-Venture-Vertrag erstellt werden, der die Rechte und Pflichten beider Vertragsparteien festlegt. Dieser ist rechtlich verbindlich und muss daher auf Chinesisch bei den Behörden eingereicht und von ihnen genehmigt werden. Spätestens bei diesem Schritt ist es empfehlenswert, einen Berater hinzuzuziehen.

3.6 Personengesellschaften mit ausländischen Gesellschaftern (Foreign Invested Partnerships)

In der internationalen Presse wurden Foreign Invested Partnerships (FIP) bereits als „dritter Weg nach China" gepriesen – eine neue Alternative zu den vorhandenen rechtlichen Strukturen, um leichter auf dem chinesischen Markt mit rund 1,3 Mrd. Menschen Fuß zu fassen und Geschäfte zu tätigen.

Solche Personengesellschaften mit ausländischen Gesellschaftern sind seit Anfang 2010 in China möglich. Zwar stammt die Rechtsgrundlage, das Partnership Enterprise Law, bereits aus dem Jahre 2007, doch erst durch den Erlass der „Administrative Measures for Foreign Enterprises and Individuals to Establish Partnership Enterprises in China (FIP Measures)" und den „Administrative Regulations on Registration of Foreign Invested Partnership Enterprises (FIP Registration Regulations)" im März 2010 sind die rechtlichen Rahmenbedingungen zur Gründung einer Personengesellschaft mit ausländischen Gesellschaftern gegeben. Die neuen

Gesetze regeln im Prinzip alles, was notwendig ist, um geschäftlich aktiv zu werden. Sie bestimmen:

- das Gründungsverfahren der FIP,
- das Verfahren bei Änderungen oder Ergänzungen der FIP,
- das Verfahren zur Schließung der FIP.

3.6.1 Zweck und Vorteile von FIPs

Bei der Einführung der FIPs handelt sich um einen weiteren klugen Schachzug, mit dem die staatlichen Stellen versuchen ausländisches Management sowie fortgeschrittene Technologien ins Land zu holen, nicht zuletzt im Rahmen des im Fünfjahresplan niedergelegten Ziels, die Entwicklung von niedriger Produktivität und niedriger Wertschöpfung zu hoher Produktivität und hoher Wertschöpfung zugunsten des Wohlstandes im Lande voranzutreiben.

Kapitalfluss Interessanterweise geht es bei der FIP nicht in erster Linie darum, ausländisches Kapital ins Land zu ziehen, da nach drei Jahrzehnten ausländischer Kapitalzuflüsse China ausreichend davon zur Verfügung steht. Es gibt mittlerweile sehr wohlhabende chinesische Unternehmen wie z. B. Lenovo, ICBC und Sinopec. Durch die FIPs sollen junge, kapitalschwache und kreative Unternehmer vielmehr die Möglichkeit erhalten, mithilfe kapitalkräftiger Partner ihre Ziele voranzutreiben. Das schafft sehr gute neue Möglichkeiten für Unternehmer, die durch die bisherigen Regeln eher benachteiligt waren und traditionelle Unternehmensformen nicht nutzen konnten.

Die größten Vorteile sind:

- Flexibilität bei der Kapitalzufuhr,
- keine Quoten für Geld-, Sachleistungen oder IP-Rechte,
- kein Mindestkapital,
- kein Zeitrahmen für die Kapitaleinzahlung.

Der chinesische Yuan kann unbeschränkt als Kapital genutzt werden. Hier gibt es keine Beschränkungen durch Devisenbehörden, das Mutterunternehmen muss nicht an der Finanzierung beteiligt sein. Dienstleistungen können nach chinesischer Rechnungslegung finanziell bewertet und als Kapital eingesetzt werden (sofern es sich um eine „gewöhnliche Personengesellschaft" handelt).

Registrierung Die Registrierung erfolgt schnell und ist einfach. Das Handelsministerium muss nur im Ausnahmefall zustimmen, sofern im Investitionslenkungskatalog der Bereich als „eingeschränkt" tituliert ist oder die Zustimmung
anderweitig festgelegt wird. Ansonsten reicht die Zustimmung der lokalen Industrie
und Handelskammer.

Sie profitieren durch:

- Wegfall der Körperschaftssteuer auf Partnergesellschaftsebene,
- Flexibilität bei der Entscheidung über die Managementstruktur,
- Flexibilität bei der Ernennung bzw. Entlassung von Gesellschaftern; es ist kei-
  ne Genehmigung von allen Gesellschaftern notwendig, eine 30- Tage-Frist zur
  Kenntnisnahme ist ausreichend.
- Freiheit bei der Entscheidung über die Ausschüttung von Gewinnen
- direkter Anstellung von Mitarbeitern.

3.6.2 Strukturen

Für eine FIP kommen zwei mögliche Strukturen infrage:

1. **Sino-ausländische Personengesellschaft**
   teilweise chinesisch und teilweise ausländisch: Einer der Gesellschafter muss
   bei dieser Struktur chinesischer Nationalität sein. Dabei kann es sich sowohl
   um ein chinesisches Unternehmen wie um eine natürliche Person handeln.
   Ein weiterer Teil der FIP muss fremder Nationalität sein, dabei kann es sich
   ebenfalls sowohl um ein Unternehmen wie um eine natürliche Person handeln.
2. **100prozentig ausländische Personengesellschaft**
   Wie der Name sagt, hat diese Personengesellschaft keinen chinesischen Teil-
   haber, sondern ist zu 100 % Eigentum der ausländischen Investoren. Bei den
   Investoren kann es sich um Unternehmen wie um natürliche Person handeln.

Bei den Personengesellschaften mit ausländischen Gesellschaftern wird zwischen
der gewöhnlichen Gesellschaft und der Gesellschaft mit beschränkter Haftung
unterschieden.

3.6.2.1 Die gewöhnliche Personengesellschaft

Die gewöhnliche Gesellschaft besteht aus mindestens zwei Gesellschaftern. Jeder
der beiden Gesellschafter kann im Namen der Personengesellschaft auftreten und

Geschäfte abschließen. Jeder der Gesellschafter kann weitere Personen zu Geschäftstätigkeiten (z. B. Prokuristen) für die Personengesellschaft bevollmächtigen. Besonders wichtig und zugleich riskant ist, dass jeder der beiden Gesellschafter als Gesamtschuldner auch mit seinem Privatvermögen haftet.

3.6.2.2 Die beschränkte Personengesellschaft

Die beschränkte Gesellschaft besteht aus mindestens zwei und maximal 50 Gesellschaftern, wobei mindestens einer der Gesellschafter ein „gewöhnlicher Gesellschafter" sein muss. Der gewöhnliche Gesellschafter haftet als Gesamtschuldner auch mit dem eigenen Privatvermögen für die Verbindlichkeiten der Personengesellschaft und übernimmt damit das volle Risiko. Er vertritt die Personengesellschaft nach außen und schließt Verträge für die Personengesellschaft ab. Daneben gibt es noch die beschränkten Gesellschafter. Beschränkte Gesellschafter haften nur im Rahmen des eingebrachten Kapitals, ihre Haftung ist also beschränkt. Beschränkte Gesellschafter dürfen nicht im Namen der Personengesellschaft auftreten und Verträge in deren Namen schließen. Sie haben also keinen großen Einfluss, aber auch keine große Verantwortung.

Diese Struktur gleicht einer deutschen GmbH & Co. KG, bei der Kommanditist und Komplementär ebenfalls in einer Gesellschaftsform vereint sind.

Unzulässig als Gesellschafter der Personengesellschaft mit ausländischen Gesellschaftern in China sind:

- an der Börse notierte Unternehmen,
- staatseigene Betriebe,
- staatlich geförderte Institutionen oder andere soziale Einrichtungen (Universitäten, Krankenhäuser etc.)

Folgende Dokumente sind zur Registrierung einer Personengesellschaft in China notwendig:

- Antrags-/Anmeldeformular zur Gründung einer Personengesellschaft in China
- Vorübergehende Namenssicherung des Namens der Personengesellschaft
- Mietvertrag über Geschäftsräume
- Qualifikationen der Gesellschafter, in Kopie und durch den Notar beglaubigt (Personalausweis, Handelsregisterauszug der Mutterfirma)

- Bestätigungsschreiben für die Bereitschaft zur Gründung einer Personengesellschaft
- Kreditwürdigkeitsnachweis durch die Hausbank der Mutterfirma (nur bei gewöhnlicher Personengesellschaft)
- Gesellschaftsvertrag
- Erklärung der Übereinstimmung mit den Richtlinien des Investitionslenkungskatalogs
- Vollmacht, ausgestellt auf den gewöhnlichen Gesellschafter
- für Dienstleistungspersonengesellschaften: Qualifikationsnachweis des Gesellschafters
- Bestätigung der Devisenaufsicht, dass die zur Einzahlung bereitgestellten RMB rechtmäßig (und nicht illegal) verdient wurden
- Vollmacht für den zukünftigen juristischen Vertreter der Personengesellschaft
- sollte die Personengesellschaft nach dem Investitionslenkungskatalog im „eingeschränkten Bereich" aktiv werden: zusätzlicher Nachweis darüber, dass das vorgeschaltete Genehmigungsverfahren erfolgreich war.
- weitere Dokumente, die von der staatlichen Verwaltungsbehörde für Industrie und Handel benötigt werden

Obwohl sich dies alles zunächst recht positiv anhört, stecken die Personengesellschaften mit ausländischen Gesellschaftern doch noch in den Kinderschuhen. Viele der steuerlichen und rechtlichen Regelungen sind bei Redaktionsschluss dieses Beitrags (Sommer 2013) noch unklar. Allerdings gibt es in China Sonderbezirke, in denen die Gründung einer Personengesellschaft durchaus möglich ist und entsprechende steuerliche Regelungen bereits etabliert sind. So sind in China mittlerweile weit über 100 Personengesellschaften erfolgreich gegründet worden, über 90 % davon in der Provinz Zhejiang (Yiwu). Aus Beratersicht ist es durchaus sinnvoll, bei der Gründung einer Firma auch die Gründung einer Personengesellschaft zu erwägen und deren Chancen und Risiken mit einem fachkundigen Berater zu erörtern.

3.7 Zweigniederlassungen (Branches)

Eine gute Expansionsmöglichkeit für bereits auf dem Festland ansässige Unternehmen ist die Eröffnung von Zweigniederlassungen oder Filialen, sogenannten Branches. Eine Branch ist leicht und schnell zu eröffnen. Voraussetzung ist, dass bereits eine WFOE, FICE oder ein Joint Venture in der VR China existieren. Alle großen Supermarkt-, Kaffee- und Restaurantketten nutzen dieses Rechtsmodell, um an unterschiedlichen Orten im Land Geschäfte zu eröffnen, Waren anzubieten und Mitarbeiter einzustellen.

3.8 Unternehmensgründung in Hongkong

Oft werden wir gefragt, ob eine Firmengründung in Hongkong sinnvoller sei als eine Gründung auf dem chinesischen Festland. Das kann nicht global beantwortet werden, vielmehr gilt es jeden Einzelfall sorgfältig abzuwägen, siehe auch die Ausführungen in Kap. 2 und 4.7. Einerseits bietet eine Gründung in Hongkong große Vorteile im Vergleich zum chinesischen Festland:

- eigene Rechtspersönlichkeit.
- die Gründung ist einfach und schnell abzuwickeln(maximal ein bis zwei Wochen),
- die Gründung ist sehr preisgünstig,
- das Registrierungskapital beginnt bei einem Dollar,
- Briefkastenfirmen sind zulässig, d. h., ein Geschäftsraum ist nicht erforderlich,
- Dienstleistungs- und Mehrwertsteuern gibt es praktisch nicht bzw. sind sie sehr gering,
- die Körperschaftssteuer fällt mit 16,5 % sehr niedrig aus,
- die Rückführung von Gewinnen vom Festland nach Hongkong wird nur mit 5 % besteuert (ansonsten meist 10 %), falls die Firma in Hongkong „operational" ist,
- der Rechtsrahmen ist sicher, da er auf britischem Recht basiert,
- jede rechtliche Veränderung (Verkauf des Unternehmens, neue Equity Partner) ist sehr einfach und schnell durchführbar,
- Buchhaltung und Jahresabschluss gestalten sich sehr einfach und unternehmerfreundlich.

Allerdings kann eine Gründung in Hongkong die Präsenz auf dem chinesischen Festland nicht ersetzen, denn Hongkong hat ein anderes Rechtssystem bzw. eine andere Jurisdiktion als die VR China und ist unternehmensstrategisch fast wie ein anderes Land zu betrachten. Folgende Nachteile ergeben sich:

- Sie können auf dem Festland offiziell keine Mitarbeiter anstellen.
- Die chinesische Rechnung (Fapiao) kann nicht ausgestellt werden.

- Mit einer Firma in Hongkong ist weder ein Arbeitsvisum eine Aufenthaltsgenehmigung für das chinesische Festland zu bekommen.
- Folglich kann die Firma in Hongkong in den meisten Fällen nur als „zusätzliche" Firma zu Steueroptimierung genutzt werden, aber nicht als Ersatz für eine Firma auf dem Festland. Es empfiehlt sich, im Einzelfall den Rat eines Experten einzuholen.

▶ **Hinweis** Wenn eine Firma mit Sitz auf dem Festland gewünscht ist, sollte in Betracht gezogen werden, zunächst eine Firma in Hongkong zu gründen und diese dann als Mutterfirma für das Unternehmen auf dem Festland zu nutzen. Das kann je nach Ausgangssituation entscheidende rechtliche und steuerliche Vorteile haben, vgl. Kap. 2 und 4.7.

3.9 Unternehmensgründung auf den Britischen Jungferninseln (BVI)

Als Alternative zu einem Firmensitz in Hongkong werden oft die britischen Jungferninseln (auch Kaimaninseln) vorgeschlagen. Die Unternehmensform ist besser als BVI-Holding bekannt. Sie hat eine eigene Rechtspersönlichkeit. Günstig: Der bürokratische Aufwand zur Gründung und Aufrechterhaltung einer BVI-Holding ist sehr gering. Steuerbefreiung für Dividendenzahlungen, Zinsen, Lizenzgebühren und Mietzahlungen machen die britischen Jungferninseln gewissermaßen zum Steuerparadies. Hier müssen keine Finanzinformationen oder sonstige Informationen offengelegt werden, weder über den Eigentümer noch über die Gesellschaften im Besitz der Holding. Das ermöglicht Diskretion bei allen Firmeninformationen inklusive der Finanzlage.

Die Vorteile im Überblick:

- eigenständige Rechtspersönlichkeit,
- einfach und schnell zu gründen,
- minimaler Verwaltungsaufwand,
- Steuerbefreiung,
- Diskretion in puncto Eigentümer und Finanzen.

Eine Gründung auf den britischen Jungferninseln kann durchaus sinnvoll sein, denn sie ist noch günstiger und schneller zu gründen als eine Firma in Hongkong.

Allerdings betrachten viele Regierungen eine BVI-Firma kritisch und akzeptieren deren Rechnungen nicht zur Steueroptimierung. Daher sollten Gründungswillige sich zunächst den eigenen Kundenkreis ansehen und die Akzeptanz einer BVI-Rechnung mit diesem erörtern.

▶ **Achtung:** Obwohl die Möglichkeit der BVI-Holding oft von ausländischen Unternehmen in der VR China genutzt wird, handelt es sich dabei **NICHT** um eine chinesische Firma. Deshalb können beispielsweise weder chinesische Mitarbeiter eingestellt noch die chinesische Rechnung (Fapiao) erstellt werden. Es handelt sich aus unserer Sicht um eine zusätzliche Struktur, die zur Steueroptimierung oder Verschleierung der Eigentümer genutzt werden, die aber kein Ersatz für eine Firma auf dem chinesischen Festland sein kann.

Unternehmenssteuer

4

Steuern richtig zu planen wirkt sich vor allem langfristig betrachtet kostensparend auf Ihr Unternehmen aus. Eine richtige Steuerstrategie bildet den eigentlichen Kern eines jeden Chinageschäfts.

Für ausländische Investoren sind lediglich elf von 25 möglichen Steuerarten wichtig:

1. Körperschaftssteuer,
2. Individuelle Einkommenssteuer,
3. Grundsteuer,
4. Landwirtschaftssteuer,
5. Landschätzungssteuer,
6. Umsatzsteuer,
7. Gewerbesteuer,
8. Verbrauchsteuer,
9. Stempelsteuer,
10. Fahrzeug und Schiffsnutzungssteuer,
11. Urkundensteuer.

Die meisten Schwierigkeiten bereiten fünf Steuerarten:

1. Körperschaftssteuer
2. individuelle Einkommenssteuer,
3. Umsatzsteuer,
4. Gewerbesteuer,
5. Stempelsteuer.

Für die Beschäftigung mit den Steuern in der VR China sollten Sie sich unbedingt ausreichend Zeit nehmen. Mangelnde Kenntnis kann zu erhöhten Kosten,

R. Hoffmann, *Praxis-Leitfaden „Business in China"*,
DOI 10.1007/978-3-658-02494-9_4, © Springer Fachmedien Wiesbaden 2013

Strafzahlungen, Bußgeldern, Entziehung der Geschäftslizenz, des Visums oder im schlimmsten Fall sogar zu Gefängnisstrafen führen.

4.1   Vergleich der Rechnungslegungsstandards

Die chinesischen Generally Accepted Accounting Principles (China-GAAP) ähneln den International Financial Reporting Standards (IFRS), unterscheiden sich aber deutlich von den US-GAAP.

Die Rechnungslegung in China funktioniert anders als in Deutschland. Es gibt andere Vorschriften und Regelungen und – das wird oftmals nicht beachtet – **sie muss in chinesischer Schriftsprache erfolgen**. Um in den Genuss von Steuererleichterungen und Steuerbegünstigungen zu kommen, ist es unerlässlich, die Rechnungslegung vorschriftsmäßig auszuführen. Fehler können zu Strafzahlungen, Bußgeldern und im schlimmsten Fall zum Landesverweis führen.

4.1.1   Chinesische Buchführung

Wer in der VR China ein Unternehmen hat, muss die chinesischen Buchhaltungserfordernisse sowie die chinesischen GAAP einhalten. Das Finanzjahr kann nicht frei gewählt werden, sondern richtet sich nach dem Kalenderjahr. Das chinesische Finanzjahr beginnt am 1. Januar und endet am 31. Dezember. Die Buchhaltung ist in chinesischer Sprache und Währung (Yuan/RMB) zu führen. Eine ausländische Währung kann erwähnt werden, ist aber kein Ersatz, denn im Finanzbericht ist nur der chinesische Yuan erlaubt. China hat ein eigenes System für die Kontenrahmen, das sogenannte „Accounting System for Business Enterprises". Häufig wird eine Buchhaltungssoftware verwendet. Die beiden am weitesten verbreiteten heißen „Kingdee" und „User Friend". Erfreulicherweise gibt es die Möglichkeit Unterkonten zu führen.

Das Wichtigste zur Buchführung auf einen Blick
- die Buchhaltung ist korrekt zu führen,
- die chinesischen GAAP müssen eingehalten werden,
- das Finanzjahr dauert vom 1. Januar bis zum 31. Dezember,

- die Buchhaltung muss auf Chinesisch geführt werden,
- die Buchhaltung muss in chinesischer Währung (Yuan) erfolgen,
- eine chinesische Buchhaltungssoftware kann verwendet werden,
- die Führung von Unterkonten ist gestattet.

Die Buchhaltung in der VR China muss einem speziellen System folgen. Auch wenn sich die chinesische Regierung sehr darum bemüht, eine einheitliche Lösung für ganz China zu finden, so variieren die Verordnungen und Regeln erheblich zwischen den unterschiedlichen Gebieten und Städten in China. Zudem haben die zuständigen Beamten oft unterschiedliche Auffassungen, wie ein Gesetz zu interpretieren ist. Der ausländische Investor sieht sich deshalb häufig mit einer Vielzahl von unterschiedlichen Aussagen und Angaben konfrontiert. Das führt zu Unsicherheit, wie von Fall zu Fall zu verfahren ist. Schlägt der Investor nun den falschen Weg ein, ist die Wahrscheinlichkeit groß, dass die Steuerbehörden von ihrer Möglichkeit Gebrauch machen, Strafzahlungen zu verhängen. Der beste Weg ist, sich frühzeitig zu informieren, am besten bei einer Unternehmensberatung oder einer Steuerberaterkanzlei, die sowohl über ausreichende Erfahrung mit den Behörden vor Ort verfügen und sich andererseits mit den Besonderheiten des ausländischen Investors auskennen.

4.1.2 Ordnen von Rechnungen

Sämtliche Dokumente und Belege müssen chronologisch geordnet und abgeheftet werden. Nach einer Buchhaltungstransaktion muss ein entsprechender Abrechnungsbeleg angefertigt und ausgedruckt werden. Dem Abrechnungsbeleg müssen dann die jeweiligen Rechnungen bzw. Quittungen (Fapiao) beigefügt werden. In der VR China wird dafür in der Regel ein weißes DIN-A4-Blatt verwendet. Die Fapiaos werden nach Datum geordnet und sortiert auf das weiße Blatt geklebt. Ein geordnetes Übereinanderkleben ist erlaubt, sofern die steuerrelevanten Informationen einfach ermittelt werden können. Das bietet sich insbesondere bei Taxiquittungen an. Die Buchhaltungsbelege eines Monats werden in einen entsprechenden Accounting Voucher geheftet und mit einem braunen Halbumschlag zusammengebunden. Am darauffolgenden Monatsanfang muss der Bericht eingereicht werden. Wichtig: Änderungen können nach Abgabe nicht mehr vorgenommen werden. Fehler können nur im Bericht des Folgemonats korrigiert werden.

4.1.3 Erstellen von Rechnungen

In der VR China gibt es spezielle, von der Regierung vorgegebene Rechnungsformate. Andere Formate werden nicht anerkannt und bei Einreichung umgehend zurückgewiesen. Serien- und Rechnungsnummern können nicht frei gewählt werden. Stattdessen gibt es Blanko-Rechnungen, die bei den Behörden vorsorglich beantragt werden müssen. Diese enthalten bereits vorgedruckte Serien- und Rechnungsnummern. Neue Unternehmen stehen vor der Schwierigkeit, dass nur eine begrenzte Summe von Blanko-Rechnungen in den ersten sechs Monaten erworben werden darf und diese jeweils auf einen Maximalbetrag beschränkt sind. Das kann dazu führen, dass beim Verkauf eines teuren Produktes eine Vielzahl von Rechnungen verwendet werden muss mit der möglichen Folge, dass der Rechnungsersteller nicht über genügend Blanko-Rechnungen verfügt, um sein Geschäft richtig wachsen zu lassen.

Der Rechnungsersteller hat die Blanko-Rechnung mit weiteren Angaben auszufüllen. Dazu gehören

- Name und Adresse des Leistungsempfängers,
- Ausstellungsdatum,
- Preis,
- Art, Menge und genaue Bezeichnung der zu liefernden Produkte oder Dienstleistungen.

Jede Rechnung sollte auch einen Stempel des Rechnungserstellers enthalten, der die Richtigkeit der aufgezählten Informationen garantiert und die Rechnung zu einem rechtsverbindlichen Dokument werden lässt. Der Stempel ist in China wichtiger als die Unterschrift und ersetzt diese oft.

Das Ausfüllen der Rechnungen ist meist nicht von Hand möglich. Dafür muss ein spezieller Rechnungsdrucker bei den Behörden erworben werden (er ähnelt einem PC-Drucker).

4.1.4 Anmeldung bei den Steuerbehörden

Sobald sich ein Unternehmen in der VR China niederlässt, muss es sich sowohl bei der lokalen als auch bei der Bundessteuerbehörde anmelden. Die Fristen für die Anmeldung sind sehr kurz. Normalerweise hat eine Anmeldung bereits 30 Tage nach Erhalt der vorläufigen Geschäftslizenz zu erfolgen, wobei es hier regionale Unterschiede geben kann. Diese Frist muss unbedingt eingehalten werden anderenfalls drohen erstens Straf- und Bußgelder, zweitens könnte der Unternehmer den Behörden negativ auffallen und sich damit die gute Zusammenarbeit mit diesen von Anfang an erschweren.

4.2 Chinesische Finanzberichte

Steuerpflichtige Unternehmen haben Quartals- und Jahrespflichten zu erfüllen.

Quartalspflichten Die Körperschaftssteuer muss viermal im Jahr eingereicht werden, und zwar jeweils spätestens bis zum 15. des Monats vor Ablauf des Quartals (Achtung: es gibt lokale Unterschiede).

Jahrespflichten Am Anfang eines jeden Jahres muss der Jahresabschluss für das vergangene Jahr eingereicht werden. Die Jahresabschlüsse bestehen aus:

- Gewinnermittlung,
- Umsatz,
- Kosten,
- Anlagevermögen,
- Verbindlichkeiten,
- Höhe des Registrierungskapitals,
- Gehalt der Mitarbeiter,
- verrechnete Steuern oder steuerlicher Verlustvortrag,
- Steuergutschrift,
- Informationen über nahestehende Unternehmen (z. B. Tochterunternehmen),
- genaue Informationen über Sozialabgaben wie Rente, Krankengeld, Sozialhilfe, Arbeitslosengeld, Wohngeld usw.,
- falls zutreffend: Nachweis über Gründe der Steuerbefreiung bzw. Steuererleichterung.

4.3 Die chinesische Mehrwertsteuer

Die Mehrwertsteuer oder Umsatzsteuer ist die wichtigste Steuer für den chinesischen Staat. Die meisten Einnahmen des chinesischen Fiskus werden durch die Umsatzsteuer erzielt. Sie macht in der Regel auch einen Großteil der Kosten für die dort ansässigen Unternehmen aus. Deshalb ist es sinnvoll, sich mit ihr etwas genauer auseinanderzusetzen:

Von der Umsatzsteuer profitieren sowohl die Regierung der jeweiligen Provinz als auch die der Zentralstaat, denn ein Teil fließt an die Provinz und ein Teil an die Zentralregierung. Unternehmern sollte dies unbedingt bewusst sein, denn nicht selten versuchen Provinzen oder Sonderverwaltungszonen ausländische Investoren mit dem Versprechen bestimmter Vorteile anzuwerben. Das häufigste Versprechen ist der „Verzicht auf die Steuer". Der ausländische Investor vermutet daraufhin, dass er komplett von der Umsatzsteuer befreit wird. Das ist jedoch ein Irrtum, denn die lokale Provinzregierung bzw. Verwaltung der Sonderverwaltungszone haben weder die Macht noch die Kompetenz, über landesweite Steuern zu bestimmen. Deswegen können sie auch nicht wirksam auf landesweite Steuern verzichten. Wenn überhaupt, so kann die Verwaltung nur auf ihren Teil verzichten, der nur etwa drei Prozent ausmacht. Und selbst dieser Verzicht ist rechtlich bedenklich und nicht rechtlich abgesichert, auf diese Zusage können sich ausländische Investoren weder verlassen noch berufen. Seien Sie deshalb sehr vorsichtig, wenn Ihnen jemand einen steuerlichen Vorteil verspricht, und lassen Sie sich gründlich beraten, bevor Sie größere Investitionen tätigen.

4.3.1   Die verschiedenen Arten der chinesischen Umsatzsteuer

In der VR China gibt es verschiedene Arten der Umsatzsteuer. Umsatzsteuer wird erhoben, sobald ein Unternehmen oder eine Person durch Dienstleistungen, Warenverkauf oder auf sonstige Weise Einnahmen erzielt. Steuerpflichtig ist das gewinnerzielende Unternehmen.

Beispiel

Sollte die Firma Schuh&Co durch den Verkauf von edlen deutschen Wanderstiefeln in der VR China Einnahmen erzielen, so ist die Firma Schuh&Co dort auch zur Umsatzsteuererklärung und zum Umsatzsteuerausgleich verpflichtet.

4.3.1.1   Umsatzsteuer beim Vertrieb von Waren

Sollten Sie Waren aus eigener Produktion vertreiben oder mit fremdproduzierter Ware handeln, können Sie sich auf zwei verschiedene Arten registrieren: als normaler Mehrwertsteuerzahler (General VAT-Payer) oder als kleinständischer Mehrwertsteuerzahler (Small Scale Tax Payer). Allerdings hängt diese Einstufung auch von der Höhe Ihrer Gewinnspanne ab. Bei einer sehr großen Gewinnspanne ist der Status des kleinständischen Mehrwertsteuerzahlers günstiger. Bei geringerer Gewinnspanne empfiehlt sich der Status des normalen Mehrwertsteuerzahlers.

4.3.1.2   Der normale Mehrwertsteuerzahler

Der Status des normalen Mehrwertsteuerzahlers bietet den erheblichen Vorteil der Berechtigung zum Vorsteuerabzug. Für normalen Mehrwertsteuerzahler gilt ein Steuersatz von 17 %. Die Berechnung erfolgt so, wie wir sie aus Deutschland kennen: die Vorsteuer wird von der Mehrwertsteuer abgezogen. Um in den Genuss des Vorabzugs zu kommen, müssen alle chinesischen Rechnungen beim Kauf gesammelt und beim Verkauf von Waren auch entsprechende Fapiaos erstellt werden. Nur dann kann die Vorsteuer berechnet und abgezogen werden.

4.3.1.3   Der kleinständische Steuerzahler

In der Regel beträgt der Steuersatz für kleinständische Unternehmen gegenwärtig 3 %. Es handelt sich um einen fixen Satz. Die Vorsteuer kann nicht davon abgezogen werden. Wenn Sie also ein Produkt für umgerechnet 100 € verkaufen, müssen sie 3 € an die Steuerbehörden abführen.

▶   **Achtung** Small Scale Tax Payers sind nicht zum Erstellen der Fapiao berechtigt!

Insbesondere bei einer Neugründung in der VR China müssen Sie sich überlegen, ob Sie lieber als kleinständischer oder normaler Steuerzahler agieren wollen. Dabei sind folgende Kriterien zu berücksichtigen:

- **Höhe der Gewinnspanne:** als Daumenregel gilt: Sollte die Gewinnspanne 20 bis 30 % übersteigen, kann die Einstufung als kleinständischer Steuerzahler günstiger sein.
- **Kunden:** Bestehen viele oder die meisten Ihrer Kunden auf einer offiziellen Rechnung, der Fapiao, müssen Sie sich als normaler Mehrwertsteuerzahler registrieren.
- **Lieferanten:** Sollten Sie viele Produkte von anderen Unternehmen beziehen, die Sie weiterverarbeiten und weiterverkaufen und erhalten auch Sie jeweils offizielle Rechnungen, also Fapiaos, von Ihren Lieferanten, ist es sinnvoll, wenn auch Sie die Vorsteuer abziehen können. Der Status des normalen Steuerzahlers ist also vorzuziehen.
- **Kontrolle:** Die Steuerbehörden interessieren sich besonders für Unternehmen mit dem Status des normalen Steuerzahlers, da diese eine wichtige, wenn nicht

die wichtigste Steuereinnahmequelle des chinesischen Staates bilden. Unternehmen werden daher stärker und härter kontrolliert. Achtung: Bei der Berechnung der Steuern entstehen häufig Fehler!

- **Vorsteuer für Sachanlagen:** Aufgrund des konsumorientierten Umsatzsystems kann die Vorsteuer, die für Sachanlagen entrichtet wurde, mit der Mehrwertsteuer verrechnet werden. Diesen Vorteil genießen jedoch nur normale Mehrwertsteuerzahler.

Ob es sich eher lohnt, als normaler oder als kleinständischer Steuerzahler aktiv zu sein, hängt also letztlich vom Einzelfall ab. In aller Regel ist es jedoch für die meisten Unternehmen vorteilhaft, sich für den Status des normalen Steuerzahlers zu entscheiden.

4.3.2   Fristen für die Umsatzsteuererklärung

Bis spätestens zum 15. eines jeden Monats ist die Umsatzsteuererklärung bei den staatlichen Steuerbehörden einzureichen. Verspätungen werden mit Bußgeldern geahndet.

4.3.3   Umsatzsteuerbehandlung für Exporte

Wie die Steuern von einem exportierenden Unternehmen zu behandeln sind, richtet sich nach der Art des Unternehmens:

- Produziert das in China ansässige Unternehmen Güter und exportiert sie direkt oder durch eine Spedition ins Ausland, kann das Unternehmen von der Umsatzsteuer befreit werden. Kauft das in China ansässige Unternehmen Güter in China und zahlt für die erworbenen Produkte die Umsatzsteuer, und stellt es ein neues Produkt her, das ins Ausland verkauft wird, so ist das Vorsteuerguthaben mit der Umsatzsteuer zu verrechnen.
- Kauft das in China ansässige Unternehmen Produkte in China ein und verkauft sie weiter, so ist die Vorsteuer von der Umsatzsteuer abzuziehen. Die Erstattung erfolgt für den Fall eines Vorsteuerüberschusses in voller Höhe des Überschusses.

Steuerbefreiung Steuerfreistellung oder Steuererstattung erfolgen nur auf Antrag des Steuerpflichtigen. Dafür sind folgende Unterlagen innerhalb von 30 Tagen nach Exportfreigabe bei der zuständigen Steuerbehörde einzureichen:

- Anmeldungsformular im Original,
- Geschäftslizenz,
- exportbeschreibende Unterlagen (von der Finanzbehörde auszustellen).

Nach dem Export und der ordnungsgemäßen Meldung beim Finanzamt kann das Unternehmen bei der zuständigen Steuerbehörde die Steuerstundung, -rückerstattung oder -befreiung beantragen.

Unerlässlich ist es auch hier, die Fristen einzuhalten: Der Antrag für die Steuerrückerstattung ist zwischen dem 1. und 15. des Folgemonats einzureichen.

4.4 Persönliche Einkommensteuer

Wie in Deutschland muss in China erzieltes Einkommen versteuert werden. Im Wesentlichen regeln zwei Gesetze die Besteuerung:

- das individuelle Einkommensteuergesetz (Individual Income Tax Law) und
- die Vorschriften zur Durchführung des individuellen Einkommensteuergesetzes der Volksrepublik China (Regulations for the Implementation of the Individual Tax Law oft the People's Republic of China[1]).

Da die Gesetze oft nicht alle Einzelheiten berücksichtigen, gibt es weitergehende erläuternde Vorschriften. Die wichtigste ist die **Guo Shui Fa** (vor allem für die Regelungen bei Transferpreisen).

4.4.1 Die Einkommensteuerpflicht in der VR China

Personen, die in der VR China angestellt sind oder sich oft und lange dort aufhalten, könnten in China einkommenssteuerpflichtig sein. Sich mit dem Thema Einkommensteuern frühzeitig zu befassen hilft, die richtige steuerliche Behandlung und Steuereffizienz bei Mitarbeiterentsendungen nach China zu gewährleisten.

---

[1] Weitere Informationen über die chinesischen Steuergesetze sind auf der Internetseite der chinesischen Steuerbehörde nachzulesen (www.chinatax.gov.cn).

Grundsätzlich gilt: Wer in der VR China lebt, also dort einen festen Wohnsitz hat, sein Einkommen bezieht und bei einem chinesischen Unternehmen angestellt ist, ist auch in China einkommensteuerpflichtig. Durch das Doppelbesteuerungsabkommen (DBA) zwischen der VR China und Deutschland wird sichergestellt, dass das Einkommen nur einmal versteuert werden muss, entweder in Deutschland oder in China. Eine doppelte Besteuerung wird so vermieden.

Die Kriterien für die Einkommensteuerpflicht sind also:

- Befindet sich der gewöhnliche Aufenthaltsort in China?
- Befindet sich der Arbeitgeber in China?
- Liegt der Ursprung des Gehaltes in China?
- Wie genau ist das Arbeitsverhältnis gestaltet?

Wer also Gehalt von einem in der VR China ansässigen Arbeitgeber bezieht, einen chinesischen Arbeitsvertrag hat, auf dessen Grundlage Leistungen erbracht werden und Gehalt gezahlt wird, ist mit Aufnahme des Arbeitsverhältnisses, also vom ersten Tag des Arbeitsverhältnisses an, in der VR China einkommensteuerpflichtig.

Sollten zusätzliche Einkommensquellen existieren (ein Gehalt für eine Position in Deutschland, Börsengewinne oder Mieteinnahmen etc.), so muss im Einzelfall ermittelt werden, ob nicht nur das für die chinesische Position erhaltene Einkommen in China versteuert werden muss, sondern gegebenenfalls auch das weltweite Gesamteinkommen. Auf die Versteuerung des weltweiten Einkommens werden wir weiter unten eingehen.

Zunächst gilt es zu klären, ob Sie ein Angestelltenverhältnis in China eingehen werden oder eingegangen sind. Wenn dies der Fall ist, sind Sie ab Ihrem ersten Tag mit Ihren in China bezogenen Einkünften einkommensteuerpflichtig.

Aufenthaltsdauer und Steuerzahlungen Sollten Sie das Gehalt weiter von Ihrem Arbeitgeber in Deutschland beziehen, also kein Arbeitsverhältnis mit einem Unternehmen in China eingegangen sein, so ist hinsichtlich einer eventuellen Steuerpflicht die Zeit Ihres Aufenthaltes in der VR China entscheidend. Durch das Doppelbesteuerungsabkommen zwischen Deutschland und China ist geregelt, dass Sie in China erst dann steuerpflichtig werden, wenn Sie sich länger als 183 Tage pro Kalenderjahr im Land aufhalten. Die Ermittlung der Aufenthaltsdauer erfolgt durch die Steuerbehörde und die Grenzbehörden. Der Ein- und Ausreisetag eines Expatriates wird von den Grenzbehörden erfasst und an die Steuerbehörden weitergeleitet

Exkurs: Arbeitsvisum Ein Arbeitsvisum ist obligatorisch, um fest in der VR China arbeiten und sich nicht nur bspw. im Rahmen einer Geschäftsreise vorübergehend im Land aufhalten zu dürfen. Voraussetzung für die Ausstellung des Visums sind ein Angestelltenverhältnis vor Ort sowie ein chinesischer Arbeitsvertrag, der bei der ausstellenden Visa-Behörde einzureichen ist.

4.4.2 Tax-Resident und globales Einkommen

Wenn Sie sich fast ständig in der VR China aufhalten, und Ihre Unterbrechungen jeweils 30 zusammenhängende Tage nicht überschreiten oder insgesamt nicht mehr als 90 Tage pro Jahr betragen, gelten Sie als so genannter Tax-Resident. Sie haben damit einhergehend einen dauerhaften Wohnsitz in China. Als Tax-Resident müssen Sie auf ihr weltweites Einkommen Steuern zahlen. Das globale Einkommen umfasst alle Bezüge und Einnahmen, die Sie weltweit erwirtschaften. Das können Gehälter in verschiedenen Ländern sein, Einkommen aus Gewinnen, Mieteinnahmen oder sonstige Einkünfte. Die Steuerpflicht in der VR China kann damit sehr hoch werden. Entscheidend ist in diesem Zusammenhang die 5-Jahres-Regel. Sie besagt, dass die Steuerpflicht für das weltweite Einkommen erst nach Ablauf von 5 Jahren entsteht: Erst nach fünf Jahren als Tax-Resident in der VR China müssen Sie Ihr gesamtes Welteinkommen dort versteuern. Ein erlaubter und kluger Schachzug ist daher ein längerer Heimaturlaub von über 30 Tagen vor Ablauf der Fünfjahresfrist. Damit wird der Aufenthalt fristwirksam unterbrochen, die Fünfjahresfrist beginnt anschließend wieder von neuem. In diesem Fall muss das weltweite Einkommen also nicht versteuert werden, die Steuerersparnis kann nennenswert sein. Falls Sie den richtigen Zeitpunkt verpasst haben, also nicht vor Ablauf der fünf Jahre mehr als 30 zusammenhängende Tage oder insgesamt 90 Tage pro Jahr ausreisen konnten, so können Sie die weltweite Einkommenssteuerpflicht in China nur umgehen, wenn Sie sich ab dem 6. Jahr jährlich mehr als 30 Tage am Stück außerhalb der VR China aufhalten oder insgesamt 90 Tage pro Jahr abwesend sind. In dem Fall beginnt die Fünfjahresfrist allerdings nicht mehr von neuem. Es empfiehlt sich daher dringend, die 5 Jahre genau zu beachten.

4.5 Steuerarten und Steuerpflichten

4.5.1 Steuerfreibetrag

Für Chinesen besteht ein monatlicher Freibetrag in Höhe von 3.500 RMB. Dieser Betrag ist steuerfrei. Die Berechnung der Steuerrate beginnt bei 3.501 RMB.

Für Ausländer, die in China arbeiten, ist der monatliche Freibetrag höher und beträgt 4.800 RMB. Erst ab 4.801 RMB besteht für sie eine Steuerpflicht.

4.5.2 Gehaltsschätzung und Gehaltsfestlegung durch die Steuerbehörden

Grundsätzlich ist in China, wie auch in jedem anderen Land, das Gehalt richtig und ordentlich anzugeben. Falls Sie nach Ansicht der Behörden ein zu geringes Gehalt angeben, kann die chinesische Behörde ein „angemessenes" Gehalt unabhängig von Ihren Angaben festlegen und entsprechende Steuern nachverlangen. Die Steuerbehörde wertet Ihre Funktion, Ihre Position, Ihren Bildungshintergrund, den Industriebereich und das Gehalt anderer Angestellten aus, um Ihr Gehalt zu schätzen. Falls die Behörde gar eine Steuerhinterziehung vermutet, sind die Strafgebühren und Bußgelder hoch.

4.5.3 Legale Wege der Steuerersparnis

Wie in jedem anderen Land ist es auch in China dringend geraten, sich mit den Steuereinzelheiten auseinander zu setzen. Nur eine gute Steuerstrategie führt zu Steuererleichterungen und Steuereinsparungen. Die frühzeitige Auseinandersetzung ist das A und O eines jeden in China tätigen Geschäftsmannes bzw. einer jeden Geschäftsfrau. Eine spätere Korrektur ist schwierig, mühselig und könnte von den Steuerbehörden abgelehnt werden. Deswegen setzen Investitionswillige sich mit den Steuern am besten auseinander, bevor sie nach China einreisen.

Insbesondere für Ausländer gibt es gute Wege, auch bei einem hohen Einkommen Steuererleichterungen zu erwirken und insgesamt einen vergleichsweise geringen Steuersatz zu erhalten. Um in den Genuss der Steuererleichterungen zu kommen, muss das Arbeitsverhältnis klug strukturiert sein. Leider wird diese Möglichkeit aus mangelnder Kenntnis oder Nachlässigkeit bisher nur in Ausnahmefällen genutzt.

4.5.3.1 Steuerfreie Zuwendungen

Zusätzlich zum Arbeitslohn, dem Gehalt für die erbrachten Leistungen aus dem Arbeitsvertrag, besteht für den Arbeitgeber die Möglichkeit steuerfreier Zuwendungen. Dabei handelt es sich um Zahlungen, die zusätzlich zum normalen Arbeitslohn erfolgen. Die Grenze für diese Zuwendungen liegt in der Regel zwischen 30 und 40 % des Arbeitslohns (lokale Unterschiede). Bitte sprechen Sie mit den regionalen Steuerbehörden, um die genaue Prozentangabe zu erfahren, bevor Sie Ihre

Strategie festlegen. Diese Zuwendungen sollten im Arbeitsvertrag genau geregelt werden. Das schützt den Arbeitnehmer vor einer Veränderung der Firmenpolitik oder Sparmaßnahmen und hilft dem Arbeitgeber bei der langfristigen Bindung von Arbeitnehmern.

Wichtig ist eine kluge Wortwahl bei der Ausgestaltung der Zuwendungen. Sie sollten nicht als Bestandteile des Gehalts fixiert werden, da die Steuerbehörden sie in dem Fall mit Steuern belegen könnten. Auch sollten genaue Werte vermieden werden. Besser sind Begriffe wie „bis maximal zu... (Betrag x)...“ oder „darf nicht... (Betrag X) überschreiten“. Durch solche Feinheiten lassen sich völlig legal erhebliche steuerliche Erleichterungen erreichen.

Folgenden Zuwendungen können bei richtiger Gestaltung steuerfrei sein:

- Haus- oder Wohnungskosten,
- Wäsche- und Reinigungskosten,
- Verpflegungsgeld,
- Umzugskosten,
- Reisekosten für Heimatbesuche, in der Regel zwei pro Jahr,
- Erstattung der Kosten für Sprachtrainings,
- Erstattung der Kosten für Bildung der Kinder (besuchen einer Bildungsanstalt in China).

Grundsätzlich hat der Arbeitnehmer seine Ausgaben durch Fapiaos zu belegen und beim Arbeitgeber einzureichen.

Ebenfalls steuerfrei können Beiträge zur persönlichen Grundsicherung sein. Dazu zählen unter anderem bestimmte Krankenversicherungen, Arbeitslosenversicherung, Rentenversicherung und Lebensversicherung.

Abfindungszahlungen bei der Beendigung eines Arbeitsverhältnisses können ebenfalls steuerfrei sein, wenn diese rechtmäßig, verhältnismäßig und angemessen sind. Bonuszahlungen sind in der Regel einmal pro Jahr steuerlich ermäßigt möglich.

Um in den Genuss all dieser erwähnten Steuererleichterungen zu kommen, muss – abgesehen von der richtigen Wortwahl – der Arbeitsvertrag auch richtig gegliedert sein. Zudem muss ein bestimmtes Verfahren eingehalten werden.

4.6 Verrechnungspreise

Verrechnungspreise (auch Transferpreise genannt) sind in der Kosten- und Leistungsrechnung die Preise, welche zwischen verbundenen Parteien für Güter, Dienstleistungen, und Finanzierungen gezahlt werden. Es ist also der Preis, der zwischen verschiedenen Einheiten eines Unternehmens in Rechnung gestellt wird. Wenn ausländische Investoren ein Tochterunternehmen in der VR China gründen, kommen Verrechnungspreise ins Spiel. Sie bilden auch eine beliebte Methode, Geld nach oder aus China zu transferieren.

Bei Verrechnungspreisen gilt das Prinzip der Vergleichbarkeit. Auf der Basis von Marktpreisen wird ermittelt, ob der Preis, der innerhalb eines Unternehmens gezahlt wird, diesen ähnlich oder mit ihnen gleich ist. Wenn ja, ist der Verrechnungspreis vergleichbar und alles ist in Ordnung.

4.6.1 Dokumente für die Verrechnungspreissetzung

4.6.1.1 Erforderliche Angaben und Formulare

Unternehmen in China müssen für die Verrechnungspreis-Dokumentation bei der Abgabe der jährlichen Steuererklärung einen „Jährlichen Unternehmensbericht zu Verbundunternehmens-Transaktionen der Volksrepublik China" beifügen. Dieser Bericht sollte die folgenden neun Angaben beinhalten:

- Auflistung der verbundenen Unternehmen,
- Auflistung der Transaktionen zwischen den verbundenen Unternehmen,
- Käufe und Verkäufe,
- Dienstleistungen,
- Transfer von immateriellen Vermögenswerten,
- Transfer von fixen Vermögenswerten,
- Finanzierung,
- Ausgehende Investments,
- Ausgehende Zahlungen.

Diese neun aufgelisteten Informationen sind von *allen* in China tätigen Firmen beim Jahresabschluss einzureichen. Wenn ein Unternehmen über 200 Mio. RMB Umsatz pro Jahr erwirtschaftet, müssen zusätzlich fünf weitere Dokumente eingereicht werden, die deutlich genauere Informationen enthalten. Sowohl die Informationen als auch die Dokumente (wenn zutreffend) müssen zeitgleich mit der jährlichen Steuererklärung und damit bis zum 31. Mai eines jeden Jahres eingereicht werden.

Die fünf zusätzlich einzureichenden Dokumente enthalten u. a. Informationen über die:

1. **Organisationsstruktur:**
   Dieses Dokument beschreibt die organisatorische Struktur der Gruppe, welcher ein Unternehmen angehört. Dazu gehören auch Änderungen von Beziehungen

zwischen dem Unternehmen und verbundenen Parteien während des Jahres, Informationen über verbundene Unternehmen wie Name, gesetzliche Vertreter, Senior Management, registrierte Adresse sowie Steuersätze und Anreize von Verbundunternehmen.

2. **Zusammenfassung der Geschäftstätigkeit:**
   Sie beschreibt die Geschäfts- oder Unternehmensentwicklung; gibt einen Überblick über die Branche und ihre Entwicklung; enthält weiter die Geschäftsstrategie, wichtige ökonomische und rechtliche Belange, Wertschöpfungskette der Branche und Position des Unternehmens in der Kette, Zusammenfassung der prozentualen Anteile von Unternehmensbereichen in Bezug auf Umsatz und Profit durch Geschäfts-, Markt- und Konkurrenzanalyse; Informationen über die Funktionen, Risiken und Aktiva des konsolidierten Finanzberichtes des Konzerns, welcher am Jahresende erstellt wird.

3. **Informationen über die Verbundunternehmens-Transaktionen:**
   Informationen über Transaktionen, beteiligte Parteien, zeitlichen Rahmen, Beträge, Währung, Beschreibung des Transaktionsmodells, Konditionen und Änderungen des Modells, operative Abläufe von Informationen, Produkten und Geldern, Durchflussvergleiche mit Transaktionen mit dritten Parteien, immaterielle Werte und ihr Einfluss auf das Preissetzungsverfahren, Kopien der Vereinbarungen zwischen den Unternehmen und deren Ausführungsstatus, Analyse der wichtigsten ökonomischen und rechtlichen Faktoren, welche Einfluss auf die Preissetzung haben, segmentierte Finanzanalyse.

4. **Vergleichbarkeitsanalyse:**
   Beinhaltet Faktoren, die für die Vergleichbarkeitsanalyse genutzt werden, Informationen bezüglich der funktionellen Profile der verglichenen Unternehmen, Beschreibung der verglichenen Transaktionen, Auswahlkriterien und Begründung für die Wahl von Vergleichsfaktoren, Begründung für die Angleichung von Finanzdaten

5. **Auswahl und Anwendung von Verrechnungssetzungsmethoden:**
   Beinhaltet Begründungen für die Auswahl einer Verrechnungssetzungsmethode; erklärt, ob die verglichenen Informationen die Anwendung der ausgewählten Verrechnungssetzungsmethoden unterstützen, beinhaltet ferner Annahmen und Beurteilungen bei der Festlegung von vergleichbaren Preisen oder Profiten; Festlegung der vergleichbaren Preise und Profite und Begründung des „arm's length Prinzips[2]" bei der Preis- oder Profitermittlung.

---

[2] „Arm's length Prinzip" ist der Preis, auf den sich zwei nicht verbundene Unternehmen bei einer Transaktion unter normalen Bedingungen einigen würden.

4.6.1.2 Transferpreissetzung

Die STA[3]-Regeln erlauben die folgenden Methoden bei der Transferpreissetzung:

- Preisvergleichsmethode (CUP),
- Wiederverkaufspreismethode (RPM),
- Gesamtkostenverfahren (CPLM),
- Transactional Net Margin Method (TNMM),
- Profitauspaltungsmethode (PSM) sowie
- andere Methoden in Übereinstimmung mit dem „arm's-length-Prinzip".

Um die passende Methode für eine Verbundunternehmens-Transaktion festzustellen, sehen die STA-Regeln vor, folgende Faktoren innerhalb einer Vergleichsanalyse zu berücksichtigen:

- Eigenschaften der Vermögenswerte und Dienstleistungen der Transaktionen die jeweilige Rolle der Parteien bei der Transaktion sowie Risiken, welche von ihnen getragen werden,
- die Vertragsbedingungen,
- das ökonomische Umfeld,
- die Unternehmensstrategie.

Für jede Methode sehen die STA-Regeln eine Liste von Elementen vor, welche bedacht werden sollten. Sollten sich signifikante Unterschiede zwischen Verbundunternehmens-Transaktionen und Transaktionen mit einer dritten Partei ergeben, so müssen entsprechende Anpassungen vorgenommen werden, um die Vergleichbarkeit zu erhöhen.

Es ist für ein international agierendes Unternehmen zunehmend wichtig, eine Verrechnungspreis-Strategie zu entwickeln. Steuerbehörden prüfen immer häufiger grenzüberschreitende Geschäftsvorgänge. Bei mangelnder Strategie können hohe Strafgebühren und Bußgelder folgen. Eine kurze Auseinandersetzung mit der Thematik am Anfang vermeidet spätere Probleme und ist daher zu empfehlen. Fragen Sie einen kundigen Berater, der sich mit der Materie auskennt, um spätere negative Folgen zu vermeiden.

---

[3] Die Staatliche Steuerverwaltung in Peking hat die Anwendungsregularien zu speziellen Steueranpassungen (STA-Regeln) veröffentlicht, welche seit dem 1. Januar 2008 gültig sind.

4.6.2 Ausnahmen

Nicht jedes Unternehmen muss die Dokumentation für die Verrechnungspreise erstellen. Es gibt Ausnahmen für folgende Situationen:

- Das jährliche Gesamtvolumen der Käufe und Verkäufe zwischen verbundenen Unternehmen beläuft sich auf weniger als RMB 200 Mio. oder bei Dienstleistungen auf weniger als RMB 40 Mio. Verbundunternehmens-Transaktionen sind erlaubt, sofern Verrechnungspreiszusagen bestehen.
- Alle verbundenen Unternehmen befinden sich auf dem chinesischen Festland, das Unternehmen ist nicht mehrheitlich in ausländischem Eigentum.

4.7 Das Steuersystem in Hong Kong

Das Steuersystem in Hong Kong ist sehr einfach und die Steuern sind niedrig. Hier noch einmal die wichtigsten Aspekte (vgl. Kap. 2 und Kap. 3.8):

- Dienstleistungs- und Mehrwertsteuern gibt es nicht bzw. sind sehr gering,
- die Körperschaftssteuer ist mit 16.5 % sehr niedrig,
- die Rückführung von Gewinnen aus dem Festland nach Hong Kong wird nur mit 5 % besteuert (ansonsten meist 10 %), falls die Firma in Hong Kong „operational" ist,
- sicherer Rechtsrahmen, da basierend auf britischem Rechtsystem,
- Buchhaltung und Jahresabschlüsse sind sehr einfach und unternehmerfreundlich.

Vielfach wurde und wird Hong Kong „missbraucht", um auf dem chinesischen Festland Steuern zu vermeiden. Die auf dem Festland verrichtete Arbeit wird fälschlicherweise als Hong-Kong-Dienstleistung deklariert. Dies ist illegal und daher nicht empfehlenswert. Die Strafzahlungen sind hoch und die chinesischen Steuerbehörden werden zunehmend aktiver, um diese Steuerlügen zu entlarven. Machen Sie es richtig: Arbeiten Sie steuereffizient, aber nicht illegal. Der beste Schritt ist die Hinzuziehung eines Experten, um die richtige Steuerstrategie zu entwickeln. Das lohnt sich immer und ist eigentlich ein „Muss" für jeden Investor, der neu in der chinesischen Wirtschaftswelt aktiv wird.

Due Diligence – Vor- und Nachbereitung 5

5.1 Due Diligence

Die sorgfältige Überprüfung des chinesischen Unternehmens mithilfe der Due Diligence ist in China obligatorisch. Es gibt unterschiedliche Stufen und Arten der Due Diligence. Je nach Ziel, Zweck und Intention können die geeignete Form gewählt und die Prüfungsintensität angepasst werden. Soll zum Beispiel nur der Handel mit einem Unternehmen begonnen werden, reicht in der Regel eine einfache Due Diligence, auch Credit and Background-Check genannt. Soll hingegen ein Unternehmen in Teilen erworben (Akquise) oder in ein anderes Unternehmen „gemergt", also fusioniert werden (M&A), empfiehlt sich eine überaus gründliche Prüfung des chinesischen Unternehmens, um das Risiko einer Fehlinvestition zu verringern.

- Zu den Kernaufgaben einer Due Diligence-Prüfung gehört die Beantwortung der Frage, ob das untersuchte Unternehmen korrekt gegründet wurde. Dokumente, die dazu überprüft werden müssen, sind:
- Gewerbeerlaubnis der Firma,
- Zusätzliche Lizenzen und Genehmigungen, sofern vorhanden,
- Gesellschaftsvertrag,
- Bankauszüge,
- Eigentumsnachweise,
- Steuernachweise,
- Leasing- und Mietverträge,
- Verträge mit Hauptkunden.

R. Hoffmann, *Praxis-Leitfaden „Business in China",*
DOI 10.1007/978-3-658-02494-9_5, © Springer Fachmedien Wiesbaden 2013

5.2   Neuer Aspekt: Umweltschutz

Die chinesische Regierung legt seit einiger Zeit vermehrt Wert auf eine saubere Umwelt. Verschmutzungen, insbesondere durch Industrieunternehmen, sollen verhindert werden. Deshalb muss insbesondere das produzierende Gewerbe einige Umweltauflagen erfüllen. Es gelten sowohl das Verursacherprinzip als auch die Störerhaftung. Ist der Boden am Standort einer Produktionsstätte verseucht, müssen der Eigentümer oder der Verursacher das Gelände sanieren. Das kann hohe Kosten verursachen. Beim Ankauf von Grundstücken auf dem chinesischen Festland sind eine vorherige Überprüfung von Grund und Boden sowie ein vertraglicher Ausschluss der eigenen Haftung daher sehr zu empfehlen.

5.3   Finanzielle Due Diligence

Beim Erwerb eines chinesischen Unternehmens kann oft eine erstaunliche Entdeckung gemacht werden: Es gibt nicht nur ein Buch, das nach den chinesischen Buchhaltungsstandards die wirtschaftliche Situation widerspiegelt, sondern oftmals drei Bücher, die sehr Unterschiedliches darstellen:

- **Buch zum Verkauf der Firma:** Dieses Buch zeigt eine traumhafte, sehr gute Unternehmenswachstumskurve. Gewinne von 70 % und mehr und ebenso große Wachstumsraten pro Jahr sind keine Seltenheit. Steuerschulden existieren nicht, Lieferanten liefern pünktlich, die Käufer zahlen sofort. Nach diesem Buch handelt es sich also um eine Firma, die sich perfekt zum Ankauf eignet. Dieses Buch wird Ihnen als Käufer vorgelegt.
- **Buch für die Steuerbehörden:** Hier wird die Situation des Unternehmens völlig anders dargestellt, um Steuern zu vermeiden. Die Kosten sind hoch, die Umsätze klein. Das ist zwar illegal, wird in der Praxis dennoch häufig gemacht, um die Einkommensteuer in Höhe von 25 % zu umgehen.
- **Buch der Wahrheit:** Hier wird die tatsächliche Situation des Unternehmens wahrheitsgetreu dargestellt. Leider ist es sehr schwierig, dieses Buch in die Hände zu bekommen. Deswegen empfiehlt es sich, das Unternehmen selbst sehr gut zu untersuchen, um die tatsächlichen Verhältnisse zu erkennen und unangenehmen Überraschungen vorzubeugen.

▶ **Achtung** Beim Kauf eines Unternehmens übernimmt der Erwerber auch dessen Verbindlichkeiten. Das kann angesichts von Steuerschulden, arbeitsrechtlichen Abfindungszahlungen – das neue Arbeitsrecht seit 2008 ist sehr strikt! – oder umweltrechtlichen Problemen große Beträge ausmachen.

5.4 Überprüfung von Abschlüssen und Bilanzen

Eine Überprüfung der Buchhaltung, der Bilanzen und der Abschlüsse durch ein professionelles Buchhaltungsunternehmen nimmt nur wenige Tage in Anspruch, ist relativ günstig und wird Ihnen meist helfen, sehr viele Kosten zu sparen.

Besonders die Bilanz bedarf großer Aufmerksamkeit. Sie sollte unter anderem detailliert die Forderungen, sonstige Forderungen, Anlagevermögen, in Bau befindliche Anlagen, Verbindlichkeiten, sonstige Verbindlichkeiten und zu zahlende Löhne auflisten. Es kommt öfter vor, dass Verkäufe nicht ordnungsgemäß verbucht sind, um das steuerpflichtige Einkommen zu reduzieren. Das ist natürlich illegal und kann empfindliche Strafen nach sich ziehen, bis zum Entzug der Gewerbeerlaubnis.

5.5 Due Diligence im Personalbereich

Nach Studien, die von der amerikanischen und auch von der europäischen Handelskammer in der VR China durchgeführt wurden, ist das Personalwesen eines der Top-Probleme ausländischer Investoren. Mittlerweile verdrängt es sogar das Problem der Produktpiraterie von Platz eins. Deshalb ist es für ausländische Investoren absolut unerlässlich, sich vorab mit dem Schlüsselthema Personalwesen zu befassen (siehe auch Kap. 7).

Wichtige Rahmenbedingungen sind:

- das chinesische Arbeitsvertragsrecht aus dem Jahre 2008 und seine Auswirkungen;
- das System der persönlichen Einkommensteuern und
- das System der Sozialversicherungen in der VR China.

Typischerweise muss geprüft werden, ob:

- Einkommensteuer, Sozialversicherungsbeiträge, gegebenenfalls Abfindungen an entlassene Mitarbeiter u. Ä. ordentlich gezahlt wurden,
- schriftliche Arbeitsverträge mit allen Mitarbeitern bestehen, und
- die Arbeitsverträge an das neue Arbeitsvertragsrecht von 2008 angepasst wurden.

▶ **Tipp** Gehen Sie bei Ihren Bemühungen stets behutsam und diplomatisch vor. Zeit und Geduld sind in China Schlüsselkompetenzen, die erheblich zum unternehmerischen Erfolg beitragen.

Geistiges Eigentum

6

6.1 Produkt- und Markenpiraterie

Mit der wirtschaftlichen Öffnung der VR China Ende der 1970er Jahre setzte auch die Produkt- und Markenpiraterie ein. Mittlerweile kursieren gefälschte Markenwaren chinesischer Herkunft leider häufig auf dem Weltmarkt und bringen die chinesische Wirtschaft in Verruf. Viele internationale Unternehmen betrachten den chinesischen Markt deshalb mit großer Sorge und scheuen sich, ihre Waren in China anzubieten oder produzieren zu lassen. Die Gefahr, dass ihre Produkte kopiert und als qualitativ unzureichende (Billig)Ware in Umlauf gebracht werden könnten, ist vielen zu groß.

Allerdings bemüht sich die chinesische Regierung sehr, die Bevölkerung für dieses Thema zu sensibilisieren und ein Bewusstsein dafür zu schaffen, dass

- es falsch und verboten ist, Kopien herzustellen oder zu vertreiben,
- nur die Originalprodukte qualitativ hochwertig sind und
- auch nur mit der Originalware das erwünschte Image einhergeht.

Es handelt sich jedoch um einen langwierigen Prozess. Daher ist es für in China tätige Unternehmen unerlässlich, sich gründlich über den Markenschutz zu informieren.

6.2 Eintragung von Schutzrechten

Schutzrechte müssen in der VR China registriert werden. Eintragungen im Ausland schützen Sie in China nicht, da sie dort wirkungslos sind: Wenn keine Registrierung bei den chinesischen Behörden erfolgt ist, ist das Produkt in China nicht geschützt

R. Hoffmann, *Praxis-Leitfaden „Business in China"*,
DOI 10.1007/978-3-658-02494-9_6, © Springer Fachmedien Wiesbaden 2013

und darf legal kopiert werden. Zwar existiert ein Vorbenutzungsrecht des Originalherstellers, jedoch obliegt ihm die Beweislast, außerdem kann der juristische Weg durch die chinesischen Instanzen sehr lang und mühselig sein. Besser ist es, rechtzeitig eigene Schutzrechte in China zu registrieren.

Das ist jedoch nicht ganz einfach, denn die Registrierung

- ist kostenintensiv,
- dauert lange (oft bis zu 2 Jahre),
- verläuft sehr bürokratisch,
- erfordert häufig, dass die Technologie offengelegt werden muss, was wiederum zu Missbrauchsmöglichkeiten führt.

6.3   Patentrecht

Das chinesische Patentrecht kennt drei Arten:

1. Erfindungen mit einer Schutzdauer von 20 Jahren,
2. Gebrauchsmuster mit einer Schutzdauer von 10 Jahren und
3. Geschmacksmuster mit einer Schutzdauer von 10 Jahren.

China ist Mitglied der Patent Cooperation Treaty (PCT). Patentschutz kann deshalb über eine einzige Anmeldung beim Internationalen Büro der WIPO oder einem anderen zugelassenen Amt (z. B. dem deutschen oder europäischen Patentamt) erteilt werden.

6.4   Markenrecht

Eine Markenanmeldung ist unbedingt zu empfehlen, sonst ist chinesischen Unternehmen die Nutzung der gleichen Marke erlaubt. Lediglich in seltenen Ausnahmefällen bei sehr bekannten Marken („well-known brands") ist eine Eintragung nicht notwendig, wobei jedoch insbesondere bei ausländischen Marken sehr hohe Anforderungen an den Bekanntheitsgrad gestellt werden. Eintragungsfähig sind Wörter, Abbildungen, Schriftzeichen, Zahlen, dreidimensionale Gestaltungen, Farbzusammenstellungen und Kombinationen dieser Elemente.

▶ **„Wer zuerst kommt, mahlt zuerst . . . "** Wer die Marke als Erster registrieren lässt, erhält das Markenrecht. Registrieren Sie Ihre Marke daher
unbedingt, bevor Sie anfangen, Ihre Produkte in China zu verkaufen.
Der Markenschutz beträgt 10 Jahre.

6.5 Urheberrecht

Das chinesische Urheberrechtsgesetz schützt individuelle geistige Schöpfungen
aus den Bereichen Wissenschaft, Kultur, Kunst sowie mediale Werke wie Com-
puterprogramme und Datenbanken. Eine Registrierung ist normalerweise nicht
erforderlich, kann aber den Schutz verbessern. Die zuständige Behörde ist die „National Copyright Administration" Der Schutz besteht sofort und unmittelbar nach
Anfertigung des Werkes.

6.6 Technologietransfer

Durch Technologietransfer nach China kann der ausländische Investor Steuerre-
duzierungen oder sogar eine 100-prozentige Befreiung von der Körperschaftssteuer
erreichen. Allerdings bedeutet dies oftmals zeitgleich einen völligen Kontrollver-
lust, der Produktpiraterie wird Tür und Tor geöffnet. Deshalb ist es wichtig, die
Vor-und Nachteile eines Technologietransfers sorgsam abzuwägen.

Die Übertragung von Patentanmelde- oder Patentrechten nach China unterliegt
den Gesetzen des Heimatlandes des Technologiegebers, aber auch den Gesetzen des Technologieempfängers. Hier lohnt sich ein Blick in das chinesische
Außenhandelsgesetz, das die Ein- und Ausfuhr von Gütern und Technologien
regelt.

Das chinesische Außenhandelsgesetz teilt Technologien in drei Kategorien ein:

1. verbotene Technologien: die Ein- und Ausfuhr ist nicht erlaubt;
2. beschränkt zulässige Technologien: die Ein- oder Ausfuhr muss beim chinesischen Handelsministerium (Ministry of Commerce, MOFCOM) genehmigt
   werden,
3. uneingeschränkt zulässige Technologien: die Ein- oder Ausfuhr muss beim chinesischen Handelsministerium oder der zuständigen lokalen Behörde lediglich
   registriert werden, und zwar innerhalb von 60 Tagen ab Wirksamwerden des
   Vertrages.

Zu 2: Für beschränkt zulässige Technologien sind zwei Verfahrensweisen möglich:

- Vorläufige Genehmigung: Eine vorläufige Genehmigung zum Technologie-transfer kann bereits vor Abschluss des Vertrages erteilt werden. Sofern das MOFCOM den Antrag genehmigt, kann ein wirksamer Technologietransfer-vertrag abgeschlossen und daraufhin die Einfuhrlizenz beantragt werden.
- Endgültige Genehmigung: Es ist auch möglich, zunächst einen (schwebend unwirksamen) Technologietransfervertrag abzuschließen, der sodann der MOF-COM zur Genehmigung vorgelegt wird. Mit der Genehmigung wird der Vertrag wirksam und die Einfuhr kann erfolgen.

Die Frage, ob ein Technologietransfer sinnvoll ist oder ob die Technologie aus Sicherheitsgründen besser im Ursprungsland verbleiben sollte, ist nicht einfach zu beantworten. Keinen Transfer vorzunehmen kann Produktpiratie verhindern, allerdings bringt man sich dadurch um den Genuss von Steuererleichterungen. Zudem ist es in manchen Industriebereichen nach chinesischem Recht zwingende Voraussetzung, die Technologie nach China zu transferieren, um am Markt teil-nehmen zu dürfen. Letztendlich ist es eine Einzelfallentscheidung, ob und inwieweit Steuern gespart werden können und ob eine Kopie des Produkts überhaupt zu be-fürchten ist. Im Ergebnis ist eines sicher: Die chinesische Regierung strebt nach neuen Technologien und schützt sie zunehmend vor Produktpiraten – auch wenn sich die Technologiegeber ein schnelleres und härteres Durchgreifen wünschen.

Personalwesen

7

Das chinesische Personalwesen gehört zu den spannendsten Aspekten für jeden internationalen Investor. Wie oben erwähnt ist es laut Untersuchungen der Amerikanischen Handels- und Deutschen Außenhandelskammer eins der Hauptthemen der chinesischen Wirtschaft und verdrängt allmählich das Problem der Produktpiraterie auf Platz zwei. Aber worin unterscheidet es sich von anderen Ländern? Folgende Umstände müssen beachtet werden:

- Sie benötigen eine besondere Strategie, um gutes Personal zu finden und zu halten.
- Sie müssen das neue Arbeitsrecht bzw. Arbeitsvertragsrecht aus dem Jahr 2008 richtig anwenden.
- Sie sollten die Steuern optimieren.
- Sie müssen die stark ansteigenden Arbeitslöhne einplanen.

7.1 Personalsuche

Die chinesischen Gepflogenheiten sind auch bei der Personalsuche anders, als Europäer es gewohnt sind. Auf eine ausgeschriebene Stelle erhält der Arbeitgeber unzählige Bewerbungen und Lebensläufe, er wird damit regelrecht überschüttet. Dabei stellen sich folgende Schwierigkeiten:

Viele Bewerber senden ihre Bewerbung blind, das heißt ihr Profil passt überhaupt nicht zu der angebotenen Stelle. Das Ausfiltern der passenden Bewerber kostet daher viel Zeit und gestaltet sich mühselig. Lebensläufe sind oft „geschönt". Es kann sein, dass der Bewerber die aufgezählten Abschlüsse nicht erreicht hat. Oft werden Universitätsdokumente gefälscht. Chinesische Angestellte stehen häufig

R. Hoffmann, *Praxis-Leitfaden „Business in China",* 61
DOI 10.1007/978-3-658-02494-9_7, © Springer Fachmedien Wiesbaden 2013

unter einem enormen Erfolgsdruck. Es wird von Ihnen erwartet, dass ein gutes Einkommen erzielen und eine gute Position innehaben. Der Druck entsteht auf drei Ebenen:

- Als Resultat der Einzelkindpolitik ist die Erwartungshaltung der Eltern sehr hoch. Ihr einziges Kind muss erfolgreich werden. Dafür haben die Eltern oft enorm gelitten und gespart oder sich sogar verschuldet. Von den Kindern wird erwartet, dass sie einen guten Job finden und auch die zurückbleibenden Eltern und Großeltern unterstützen. Aber nicht nur die eigene Familie beäugt die Karriere des Kindes mit Argus-Augen, sondern die ganze Nachbarschaft der Eltern oder sogar das ganze Dorf. Ist das Kind erfolgreich, steigt das Ansehen der Familie, „versagt" es, verliert die Familie an Ansehen. Oftmals sind damit auch finanzielle Probleme verbunden, da aufgenommene Schulden nicht zurückgezahlt werden können, wenn das Kind nicht genug verdient.
- Ein Mann soll ein Haus in die Ehe einbringen, ohne Haus gibt es keine Eheschließung. Aber ein Haus ist teuer. Auch, wenn dieses Bild inzwischen fast nur noch auf dem Land oder in den westlichen Gebieten Chinas Anwendung findet, ist es für einen jungen Mann deutlich leichter eine Frau zu finden, wenn er wohlhabend ist und den künftigen Schwiegereltern beweisen kann, dass er seine künftige Frau durchaus gut versorgen kann.
- Die Inflation treibt die Preise nach oben, während parallel die Ansprüche der Konsumenten steigen. Früher war es nur ein Haus, jetzt gehört auch ein Auto als Statussymbol zum Standard. Am besten das einer großen westlichen Marke. Sehr beliebt sind Audi, BMW, Volkswagen und Mercedes.

7.1.1 Grobe Vorauswahl

Aufgrund der zahlreichen Bewerbungen auf eine offene Stelle ist es empfehlenswert, eine Vorauswahl zu treffen, um nicht unnötig Zeit mit unpassenden Bewerbern zu vergeuden. Zunächst werden die Lebensläufe analysiert und geordnet. Passende Bewerber sollten zunächst telefonisch befragt werden. Das Telefoninterview sollte knapp gehalten werden, aber schon dazu dienen, die Englisch- und ggf. Deutschkenntnisse zu testen. Zudem empfiehlt sich eine Frage nach dem gegenwärtigen Gehalt des Bewerbers. So kann schon einmal eine Grobauswahl erfolgen.

7.1.2 Das Bewerbungsgespräch

Beim Bewerbungsgespräch sollte man den Bewerber mit ähnlichem Respekt wie einen Geschäftspartner behandeln. Eine angenehme Atmosphäre sollte geschaffen werden. Dazu gehört auch, dass man ihn nicht unnötig warten lässt. Zudem sollte man dem Kandidaten die eigene Visitenkarte mit beiden Händen überreichen und ihm ein Getränk anbieten. Wasser, Tee oder Kaffee sind üblich. Vergessen Sie nicht, dass Sie den Kandidaten gewinnen wollen – und er nicht unbedingt Sie. Wenn er gut qualifiziert ist, hat er wahrscheinlich mehrere weitere Angebote.

Sie können Bewerbern im Prinzip die gleichen Fragen stellen wie in Westeuropa. Fragen Sie immer, warum der Kandidat den gegenwärtigen Arbeitgeber verlassen will und achten Sie darauf, ob der Kandidat häufig den Arbeitgeber wechselt. Das kann darauf hindeuten, dass er auch bei Ihnen nicht lange bleiben wird. In China gelten drei Jahre bei einem Arbeitgeber als lange Zeit.

Fragen Sie nach dem frühesten Anfangstermin. Auch die Frage nach den Familienverhältnissen – ist der Kandidat verheiratet, hat er ein Kind, ist ein Kind in Planung – ist in China üblich und für Arbeitgeber wichtig, denn Chinas Gesetze schützen schwangere Frauen und junge Mütter mit Lohnfortzahlungen und Kündigungsverbot.

7.2 Arbeitsrecht

Durch das Arbeitsgesetz aus dem Jahr 1994 und das **Arbeitsvertragsgesetz** (*Labor Contract Law of the People's Republic of China*), das am 1. Januar 2008 in Kraft trat, wird das Arbeitsverhältnis von Arbeitgebern und Arbeitnehmern geregelt. Die Normen gelten für alle Arbeitgeber, sowohl chinesischer wie anderer Nationalitäten, und zielen auf den Schutz der Arbeitnehmer.

7.2.1 Das Arbeitsvertragsgesetz

Das neue Arbeitsvertragsgesetz enthält eine Vielzahl von strikten Geboten und Verboten für den Arbeitgeber. Erfüllt der Arbeitgeber diese Normen nicht, kann dies schwerwiegende Folgen haben. Sollte er seinen Arbeitnehmern beispielsweise keine schriftlichen Verträge anbieten, können sie das doppelte Gehalt für die Zeit ihrer Beschäftigung verlangen. Welche weiteren Voraussetzungen vorliegen müssen und welche Auflagen für schriftliche Arbeitsverträge bestehen, sollte jedem ausländischen Investor bekannt sein.

Eines sei nochmals zur Klarstellung betont: Auch wenn kein schriftlicher Arbeitsvertrag geschlossen wurde, liegt ein wirksames Arbeitsverhältnis vor. Ein schriftlicher Arbeitsvertrag ist sinnvoll für Arbeitnehmer und Arbeitgeber, da er Klarheit über das Arbeitsverhältnis schafft. Ein fehlender schriftlicher Arbeitsvertrag schadet nach der Rechtslage eindeutig eher dem Arbeitgeber.

7.2.1.1 Schriftliche Arbeitsverträge

Folgende Angaben muss ein schriftlicher Arbeitsvertrag mindestens beinhalten:

* Name des Arbeitgebers, Adresse und Name des gesetzlichen Vertreters,
* Name des Arbeitnehmers, Adresse und Ausweisnummer,
* Zeitrahmen des Arbeitsvertrags,
* Arbeitsbeschreibung und Ort der Arbeitsstelle,
* Höhe der Vergütung,
* Arbeitsbedingungen,
* Arbeitszeiten inklusive Pausen,
* Urlaubstage,
* Unfallschutz und Sicherheit am Arbeitsplatz,
* Absicherung für berufsbedingte Gefahren,
* Sozialversicherung.

Die Verträge müssen von beiden Parteien unterzeichnet und vom Arbeitgeber abgestempelt werden, um wirksam zu werden. Dazu hat er einen Monat Zeit. Sollte nach Ablauf des ersten Monats und innerhalb von 12 Monaten kein schriftlicher Vertrag geschlossen werden, kann der Arbeitnehmer das Zweifache der vereinbarten Gehaltssumme verlangen. Nach Ablauf des Jahres hat der Arbeitnehmer automatisch einen unbefristeten Vertrag, und ein solcher ist außerordentlich schwer kündbar.

7.2.1.2 Unbefristete und befristete Arbeitsverträge

Ein unbefristeter Arbeitsvertrag besteht, wenn

* der Vertrag keine zeitliche Befristung enthält oder das Arbeitsverhältnis seit mehr als 10 Jahren besteht,
* ein befristeter Vertrag ausläuft und der Vertrag verlängert wird,
* der Arbeitnehmer länger als ein Jahr ohne schriftlichen Arbeitsvertrag bei demselben Arbeitgeber arbeitet.

7.2.2 Probezeit

Der Arbeitnehmer muss während der Probezeit mindestens 80 % des im Vertrag vereinbarten Gehalts erhalten, Letzteres darf nicht unter dem örtlich festgelegten

Mindestlohn liegen. Die Probezeit ist zeitlich begrenzt. Sie richtet sich nach der Vertragslaufzeit. Es gilt:

- keine Probezeit, wenn das Arbeitsverhältnis nur drei Monate dauern soll.
- maximal ein Monat Probezeit, wenn das Arbeitsverhältnis für mehr als drei Monate, aber weniger als ein Jahr gelten soll.
- maximal zwei Monate Probezeit, wenn das Arbeitsverhältnis länger als ein Jahr, aber weniger als zwei Jahren bestehen soll.
- maximal drei Monate Probezeit, wenn das Arbeitsverhältnis länger als zwei Jahre, aber weniger als drei Jahren bestehen soll.
- maximal sechs Monate Probezeit, wenn die Vertragslaufzeit länger als drei Jahre betragen soll.

Die Auflösung des Arbeitsverhältnisses während der Probezeit ist leicht. Sie ist dem Arbeitgeber allerdings nur erlaubt, wenn er nachweist, dass der Arbeitnehmer den Anforderungen nicht gerecht wird und er die Auflösung drei Tage vorher schriftlich ankündigt.

7.2.3 Wettbewerbsverzicht

Wettbewerbsverzichtklauseln sind in chinesischen Arbeitsverträgen nur dann wirksam, wenn sie Mitarbeiter der Führungsebene, leitende Ingenieure und Mitarbeiter mit Zugang zu vertraulichen Informationen betreffen.

Zeitlich gilt die maximale Dauer von zwei Jahren. Während dieses Zeitraums darf der Arbeitnehmer nicht für einen Konkurrenten tätig werden und kein Konkurrenzunternehmen gründen. Um die Wettbewerbsklausel aufrecht zu erhalten, muss der Arbeitgeber „Entschädigungszahlung auf monatlicher Basis" leisten, und das bedeutet oft eine Lohnfortzahlung während der beiden Jahre des Wettbewerbsverzichts. Allerdings gibt es beachtliche Unterschiede in den verschiedenen Städten. Es empfiehlt sich, beim örtlichen Arbeitsamt oder einem kundigen Berater genauere Informationen einzuholen.

7.2.4 Kündigung

Der Arbeitnehmer kann – abgesehen von der Probezeit – seinen Arbeitsvertrag mit einer 30-tägigen Kündigungsfrist kündigen. Längere Kündigungsfristen sind unwirksam.

Der Arbeitgeber kann dem Arbeitnehmer – abgesehen von der Probezeit – nur kündigen, wenn das Arbeitsverhältnis ausläuft oder der Arbeitnehmer das Vertragsverhältnis schwerwiegend verletzt und es unmöglich ist, dieses weiter zu führen. Auch hier muss die 30-Tage-Frist eingehalten werden. Die Gründe für eine solche Kündigung sind abschließend im Gesetz geregelt, sie machen eine wirksame Kündigung sehr schwierig und oft unmöglich. Nur durch einen guten Arbeitsvertrag und ein Arbeitshandbuch oder einen Arbeitsleitfaden können weitere Kündigungsgründe entstehen, wenn gegen hier Festgelegtes verstoßen wird. Deshalb sind diese Dokumente unverzichtbar.

Arbeitsvertrag Neben den oben erwähnten Richtlinien für den Arbeitsvertrag, die unbedingt zu beachten sind, besteht im Arbeitsvertrag selbst relativ wenig Spielraum, da eine Kündigung nur im Einklang mit den bestehenden Gesetzen erfolgen darf. Es sollte aber die Probezeit eindeutig festgelegt werden und es sollte im Arbeitsvertrag auf das Arbeitshandbuch verwiesen werden, welches dann Kündigungsgründe bei Verstoß gegen die dort festgelegten Firmenregeln bietet. Denn es ist gesetzlich festgelegt, dass eine Kündigung erfolgen kann, wenn ein schwerer Verstoß gegen die internen Regeln der Firma vorliegt.

Arbeitshandbuch/Arbeitsleitfaden Ein Arbeitshandbuch zu haben ist für den Arbeitgeber in China nicht verpflichtend, wird aber als Ergänzung zum Arbeitsvertrag sehr empfohlen. Es enthält Verhaltensrichtlinien (Code of Conduct) für Arbeitgeber und Arbeitnehmer und definiert deren jeweilige Rechte und Pflichten. Damit schreibt es unter anderem die eben erwähnten internen Regeln der Firma fest. Es sollte präzise und einfach verständlich formuliert sein. Einige Kernpunkte die darin geregelt sein sollten sind

- Arbeitsdisziplin: z. B. Verbot von Belästigung und Diskriminierung, Verhaltensstandards in bestimmten Situationen.
- Firmeneigentum: Regelung von privater Nutzung, Kompensation für beschädigtes Eigentum.
- Disziplinarmaßnahmen und Entlassungsrichtlinien: Verwarnungen, Definition von schwerem Fehlverhalten, welches zur Entlassung führt.
- Geschäftszeiten, Überstunden, Urlaube, Verfahren bei Krankheit/Abwesenheit, Fortbildungen, Leistungsbeurteilung der Mitarbeiter.

Das Arbeitshandbuch muss den Mitarbeitern zugänglich gemacht werden, diese müssen sich seines Inhalts bewusst sein und die Kenntnisnahme schriftlich bestätigen. Daraufhin tritt das Handbuch für sie in Kraft.

Bei der Kündigung seitens des Arbeitgebers wegen Fehlverhaltens (z. B. unentschuldigtes Nichterscheinen am Arbeitsplatz) muss ein bestimmter Ablauf eingehalten werden, zum Beispiel: erster Vorfall – mündliche Verwarnung; zweiter Vorfall – schriftliche Verwarnung; dritter Vorfall – Kündigung des Arbeitsvertrags.

7.2.5 Abfindung

Immer, wenn der Arbeitgeber einen Arbeitsvertrag kündigt oder nicht verlängert, muss er eine Abfindung an den Arbeitnehmer zahlen. Die Höhe der Abfindung richtet sich nach der Höhe des Gehalts und der Beschäftigungsdauer. Grundsätzlich gilt, dass pro Beschäftigungsjahr ein Monatsgehalt als Abfindung fällig wird. Bei sehr gut bezahlten Arbeitnehmern ist als Obergrenze das Dreifache des durchschnittlichen Monatsgehalts in der jeweiligen Region festgelegt. Es ist natürlich immer das Beste, Arbeitnehmer zu finden, die zur vollsten Zufriedenheit arbeiten und lange im Unternehmen bleiben. Allerdings ist es immer ratsam, stets auf den „worst case" vorbereitet zu sein, um angemessen reagieren zu können. Wer gute Arbeitsverträge und ein gutes Arbeitshandbuch besitzt, ist optimal auf Eventualitäten vorbereitet. Bei diesen Dokumenten sollte man nicht nur auf den Preis, sondern vor allem auf die Qualität achten. Der höhere Preis für eine bessere Qualität rechtfertigt sich schon bei der ersten Auseinandersetzung mit einem Mitarbeiter. Sie als Unternehmer sind dann in einer besseren und abgesicherten Position und können unnötige Kosten sowie schlaflose Nächte vermeiden.

7.3 Mitarbeiterbindung

In einem dynamischen Markt wie dem chinesischen gehört die Mitarbeiterbindung zu den schwierigsten Aufgaben eines Unternehmens. Chinesische Mitarbeiter wechseln viel häufiger ihren Arbeitgeber als in europäische Arbeitnehmer.

Wann immer ein Mitarbeiter in China die Firma verlässt, so ist es für das Unternehmen bedauerlich und auch teuer. Schließlich wurde der Mitarbeiter trainiert, kennt das Unternehmen und ist eingearbeitet. Es ist kostspielig und zeitaufwändig, einen neuen Mitarbeiter zu finden und ins Unternehmen zu integrieren. Zudem besteht die Gefahr, dass der Mitarbeiter zur Konkurrenz überläuft und der eigenen Firma schadet. Allerdings kann dies mit einer guten Wettbewerbsklausel im Arbeitsvertrag weitgehend verhindert werden.

Um Mitarbeiter zu halten, sollte man das chinesische Gesellschaftsgefüge kennen. Für Chinesen ist die Familie wichtig. Das stabilste Mitarbeiterverhältnis erreicht man daher, wenn man ein familiäres Verhältnis am Arbeitsplatz schafft. Dazu gehören:

• Einladungen zum Essen,
• Einladungen zu gemeinsamen Ausflügen,
• freundliche und häufige Gespräche mit den Mitarbeitern,
• vierteljährliche Bewertungsgespräche über die Entwicklung des Mitarbeiters,
• Schulung der Mitarbeiter.

Unbedingt vermieden werden sollten emotionale Ausbrüche und laute Wortwechsel am Arbeitsplatz. Werden Sie in den Büroräumen niemals laut! Kritisieren Sie niemals Ihre Arbeitnehmer, wenn es andere Mitarbeiter hören. Der chinesische Mitarbeiter – und auch Sie(!) – verlieren sonst Ihr Gesicht, was die gesamte Arbeitsatmosphäre dauerhaft verderben kann. Wir empfehlen dringend, bei emotionaler Belastung einen kurzen Spaziergang zu machen und dann, wenn Sie sich etwas beruhigt haben, mit ruhiger Stimme in einem Einzelgespräch die Sachlage zu klären.

Auch wenn Sie sich strikt an diese Ratschläge halten, gibt es einen häufigen Grund dafür, dass Mitarbeiter die Firma verlassen: das liebe Geld. 70 % aller Chinesen sind unzufrieden mit ihrem Gehalt und wechseln deshalb den Arbeitgeber. Daher ist es wichtig, Mitarbeiter angemessen zu bezahlen. Hohe Lohnsteigerungen zwischen 10 und 20 % pro Jahr sind üblich. Allerdings gibt es Möglichkeiten, das Gehalt steuereffektiv zu gestalten, so dass der Mitarbeiter mehr erhält, ohne dass Sie mehr zahlen müssen (vgl. Kap. 7.4).

7.4   Die Gehaltsstruktur

Ein Unternehmen kann stark profitieren, wenn es sich mit der Gehaltsstruktur in China und den Steueroptimierungsmöglichkeiten beschäftigt. Hierbei geht es nur um das Gehalt chinesischer Arbeitnehmer. Ausländer haben andere Möglichkeiten, von einer effektiven Gehaltsplanung zu profitieren. An dieser Stelle sei auf das Kap. 4.4 Persönliche Einkommensteuer verwiesen. Es enthält Tipps und Tricks, um als Ausländer in den Genuss einer sehr günstigen Besteuerung zu kommen.

Eine steuergünstige chinesische Gehaltszahlung kann nur dann erreicht werden, wenn man die Einzelheiten des Gehalts analysiert und richtig strukturiert, vgl. besonders Kap. 4.5.3 Legale Wege der Steuerersparnis.

Tab. 7.1 Die chinesischen Steuerstufen und Steuersätze

Stufe	Monatlich zu versteuerndes Einkommen (RMB)	Steuersatz (%)	Steuernachlass
1	≤ 1.500	3	0
2	> 1.500 ≤ 4.500	10	105
3	> 4.500 ≤ 9.000	20	555
4	> 9.000 ≤ 35.000	25	1005
5	> 35.000 ≤ 55.000	30	2755
6	> 55.000 ≤ 80.000	35	5505
7	> 80.000	45	13505

7.4.1 Jährliche Sonderzahlungen

Ein Gehalt setzt sich stets aus einem Basislohn und zusätzlichen Leistungen zusammen, die der Arbeitgeber dem Arbeitnehmer gewährt. Das können Kosten für Handy, Internet, Firmenwagen, Taxi, Essen etc. sein. Zudem gibt es die Möglichkeit von Bonuszahlungen oder sonstigen Sonderzahlungen wie einem 13. Monatsgehalt. Wichtig ist hier, dass eine solche Sonderzahlung nur einmal im Jahr steuerlich geltend gemacht werden kann. Deshalb empfiehlt es sich zur Steuerersparnis, auch mehrmals im Jahr anfallende Boni nur einmal jährlich auszuzahlen. Nicht nur wegen der Steuerreduzierung, auch aus Gründen der Motivation von Mitarbeitern oder um Mitarbeiter mehr ans Unternehmen zu binden, sind Bonuszahlungen sinnvoll.

7.4.2 Steuerstufen

Beim regulär erzielten monatlichen Einkommen richtet sich die Höhe der Steuerlast nach der Höhe des Einkommens: je höher das Einkommen, umso höher die prozentuale Versteuerung. Die steuerliche Belastung liegt zwischen 3 und 45 %. Die chinesische Einkommenssteuer ist progressiv gestaffelt und sieht für die verschiedenen Steuerstufen bestimmte Raten vor (siehe Tab. 7.1):

Der Steuernachlass (quick calculation deduction) ist ein vorgegebener Wert, der die Steuerberechnung vereinfacht. Der Abzugsbetrag wird dabei einmal am Ende der Berechnung des zu versteuernden Einkommens und des jeweiligen Steuersatzes angewendet.

7.4.3 Bonuszahlungen

Wäre die Summe der Bonuszahlungen über alle 12 Monate des Jahres gleichmäßig verteilt, so würde sich das Einkommen pro Monat erhöhen und der Arbeitnehmer könnte in die höhere Steuerstufe aufsteigen. Höhere monatliche Steuerlasten wären die Folge. Deshalb darf der Bonus bei einmaliger Auszahlung anders versteuert werden. Die Bonussumme wird durch 12 geteilt, und nur für diesen zwölften Teil wird die Steuerrate separat und unabhängig vom monatlichen Einkommen berechnet. Damit wird eine geringere Steuerlast erreicht.

Das folgende Beispiel dient zur Verdeutlichung. In der ersten Variante wird von einer vierteljährlichen Auszahlung des Bonus ausgegangen, und in der zweiten Variante von einer einmaligen Auszahlung pro Jahr.

Beispiel

Frau Merkel wurde vom Stammsitz in Berlin in die Betriebsstätte in der VR China versetzt. Im Jahre 2010 hielt sie sich 365 Tage lang in China auf.

1. Variante:

Monatliches Gehalt = 110.000 RMB

Quartalsbonus = 50.000 RMB pro Quartal

Einkommensteuer wird selbst abgeführt.

Steuerlast auf die Bonuszahlungen:

50.000 RMB × 45 % × 3 Quartale + (50.000 RMB × 15 % × 1 Quartal − 125 RMB)

Die 45 % Steuerlast für drei Auszahlungen entstehen dadurch, dass drei der vier Auszahlungen nicht steuerlich begünstigt berücksichtigt werden können. Somit fallen die 45 % Steuern, die für das monatliche Gehalt gelten, auch für diese drei Bonusauszahlung an. Nur die vierte Auszahlung kann steuerlich begünstigt berücksichtigt werden und muss nur mit 15 % versteuert werden.

Ergebnis: Die *Steuerlast auf die Bonuszahlung beträgt pro Jahr 74.875 RMB*

2. Variante:

Der Quartalsbonus wird zum Jahresbonus umgewandelt:

monatliches Gehalt = 110.000 RMB

Jahresbonus = 200.000 RMB

Steuerlast auf die Bonuszahlungen:

(200.000 RMB × 20 % − 375 RMB)

Ergebnis: Die Steuerlast auf die Bonuszahlungen beträgt pro Jahr 39.625 RMB.

Wird der Bonus viermal pro Jahr ausgezahlt, beträgt die Steuerlast also 74.875 RMB, bei einer einmaligen Jahreszahlung lediglich 39.625 RMB. Die jährliche Steuerersparnis beträgt somit 35.250 RMB.

7.5 Sozialabgaben

Die Sozialabgaben für die Mitarbeiter sind zurzeit starken Änderungen unterworfen und es ist sicher richtig, sich mit diesem Thema in nächster Zeit kontinuierlich zu beschäftigen und auf Neuerungen zu achten.

Es gibt Gemeinsamkeiten zwischen dem deutschen System der Sozialabgaben und dem chinesischen. Sowohl Arbeitgeber als auch Arbeitnehmer müssen ihre Beiträge zu den Sozialabgaben leisten, wobei nicht-chinesische Mitarbeiter bisher noch ausgenommen sind. Der Arbeitgeber ist zur Abführung und Zurückhaltung des Betrages des Arbeitnehmers verpflichtet. Deshalb wird der Anteil des Arbeitnehmers direkt vom Bruttoverdienst abgezogen, sodass dem Arbeitnehmer nur der Nettobetrag ausgezahlt wird.

Die Sozialabgaben in China sind hoch und obligatorisch. Viele Unternehmen unterschätzen den Anteil an Sozialabgaben für chinesische Mitarbeiter. In Beijing liegen sie zum Beispiel bei rund 40 % des Gehalts. Die Abgabenhöhe richtet sich nach:

- der Höhe des Gehaltes des chinesischen Mitarbeiters und
- dem Standort des Unternehmens.

Die Sozialabgaben bestehen aus fünf verschiedenen Versicherungen und einem Immobilienfonds. An Versicherungen sind dies:

- Rentenversicherung,
- Arbeitslosenversicherung,
- Krankenversicherung,
- Arbeitsunfallversicherung und
- Mutterschaftsversicherung.

Arbeitgeber und Arbeitnehmer teilen sich die Gebühren bei der Rentenversicherung, Arbeitslosenversicherung und Krankenversicherung sowie für den

Immobilienfonds. Die Beiträge für die Arbeitsunfallversicherung und die Mutterschaftsversicherung trägt der Arbeitgeber allein. Im Folgenden werden die einzelnen Versicherungsarten kurz erläutert:

7.5.1 Rentenversicherung

Das Rentenalter beginnt in China sehr früh: bei Männern mit 60 Jahren und bei Frauen mit 50 (bei harter körperlicher Arbeit) bzw. 55 Jahren (bei leichter körperlicher Arbeit). Um in den Genuss der Rente zu kommen, muss der chinesische Mitarbeiter mindestens 15 Jahre lang ununterbrochen Beiträge eingezahlt haben. Das bedeutet, auch wenn der Mitarbeiter die Arbeit verliert, längere Zeit verreist oder krank ist, muss er die Beiträge weiter zahlen, sonst verliert er seinen Anspruch auf die Rente. Die Beitragshöhe für den Arbeitgeber beträgt zwischen zehn und 22 % des Arbeitslohns, die des Arbeitnehmers etwa 8 %.

7.5.2 Arbeitslosenversicherung

Die Arbeitslosenversicherungsbeiträge erhalten nur chinesische Mitarbeiter, die mindestens 12 vorausgehenden Monate in die Arbeitslosenversicherung eingezahlt haben. Der eingezahlte Betrag wird von Arbeitgeber und Arbeitnehmer geteilt, der Anteil des Arbeitgebers beträgt zwischen 1 und 2 % des Lohns. Das Arbeitslosengeld kann maximal zwei Jahre lang bezogen werden.

7.5.3 Krankenversicherung

Die Höhe der Beiträge richtet sich nach der Höhe des Gehaltes und dem Firmensitz. Normalerweise zahlt der Arbeitgeber zwischen 4 und 15 % des Lohns und der Arbeitnehmer etwa 2 %.

7.5.4 Arbeitsunfallversicherung

Der Arbeitgeber muss den vollen Beitrag für die Unfallversicherung leisten. Das ist ein Resultat des Sphärengedankens: der Arbeitgeber hat es in der Hand, durch genügend Sorgfalt Vorkehrungen zu treffen, damit in der Arbeitssphäre kein Unfall eintritt. Sollte sich dennoch ein Unfall ereignen, hat er es zu verantworten und darf dem Arbeitnehmer zum Beispiel auch nicht kündigen. Die Höhe der Gebühren schwankt zwischen 0,6 und 2 % des Monatslohns. Wird ein Mitarbeiter krank, so muss das Unternehmen eine Lohnfortzahlung leisten, diese wird ihm von der Versicherung zurückerstattet.

7.5.5 Mutterschaftsversicherung

Für die Mutterschaftsversicherung für chinesische Mitarbeiterinnen muss der Arbeitgeber aufkommen. Die Summe richtet sich nach der Höhe des Gehaltes und liegt zwischen 0,5 und 1 % des Lohnes.

Mütter genießen in China hohen Schutz. Eine schwangere Frau hat einen Anspruch auf einen vier Monate langen Mutterschaftsurlaub. Weil in China aber nur ein Kind erlaubt ist, kann nur einmal Mutterschaftsurlaub in Anspruch genommen werden. Der Lohn wird in dieser Zeit von der Versicherung gezahlt.

7.5.6 Immobilienfonds

In den Immobilienfonds zahlen sowohl der Arbeitgeber als auch der Arbeitnehmer ein. Die Höhe richtet sich nach dem Gehalt und beträgt zwischen sieben und 13 % des Lohns. Oft zahlt der Arbeitnehmer einen gleich hohen Betrag.

Genutzt werden kann das Geld aus dem Immobilienfonds für den Kauf eines Hauses oder einer Wohnung. Der Arbeitnehmer hat das Wahlrecht und kann das Geld auch anders nutzen, beispielsweise einen Kredit tilgen oder es auf sonstige Weise bei der Pensionierung nutzen.

▶ **Tipp** Wenn Sie viele Arbeitnehmer einstellen müssen, sollten Sie verschiedene Städte hinsichtlich der erforderlichen Sozialleistungen vergleichen.

7.6 Überstunden

Auch in China müssen Überstunden bezahlt werden. Die wöchentliche Arbeitszeit sollte 40 h pro Woche bzw. acht Stunden pro Tag nicht überschreiten. Sollte der Arbeitnehmer mehr arbeiten, so müssen die Überstunden bezahlt werden, wobei der Stundensatz bei Überstunden höher ist als für die normale Arbeitszeit. Der Arbeitgeber muss bei Überstunden an Wochentagen 150 % des Stundenlohns bezahlen, an Wochenenden 200 und an öffentlichen Feiertagen und während der chinesischen Ferien 300 %. Der Arbeitgeber kann mit dem Arbeitnehmer keinen generellen Verzicht auf die Bezahlung der Überstunden vereinbaren. Mehr als drei Überstunden täglich oder mehr als 36 Überstunden pro Monat sind illegal.

7.7   Besonderheiten

7.7.1   Die Dangan

Die Dangan ist eine Art persönliche Akte. Sie enthält persönliche Informationen wie Alter, Geburtsort, Geschlecht, Informationen über Schule, Ausbildung, Arbeitsstätte und Namen der Familienangehörigen. Sie hat Auswirkungen auf die Auszahlung der Rente.

Es ist die Pflicht des Arbeitgebers, die Dangan für den Angestellten aufzubewahren, es sei denn, es handelt sich um ein Unternehmen ausländischer Investoren, denen die Aufbewahrung nicht erlaubt ist und die deshalb die Dienste eines darauf spezialisierten Unternehmens in Anspruch nehmen müssen.

7.7.2   Die Hukou

Häufig fragen sich Chinesen in großen Städten gegenseitig, ob sie eine Hukou der betreffenden Stadt besitzen. Eine Hukou ist so etwas wie ein Heimatnachweis und kann beinah mit einer Staatsangehörigkeit verglichen werden. Sie richtet sich nach dem Sitz der Familie. Leben die Eltern des Chinesen in Peking, so hat er eine Hukou von Peking.

In China wird zwischen der ländlichen und der städtischen Hukou unterschieden.

Die städtische Hukou garantiert die Sozialversicherung. Eine Hukou von manchen Städten ist aber zusätzlich begehrt, da sie zum Beispiel den Erwerb eines Hauses oder Autos in der betreffenden Stadt oder Reisen nach Europa erleichtern kann.

Die ländliche Hukou garantiert keine Sozialversicherung. Menschen mit einer ländlichen Hukou haben deshalb keinerlei soziale Sicherheit, wenn sie arbeitslos oder krank werden. Die chinesische Regierung ist sich dieser Problemlage bewusst und reformiert sie gegenwärtig.

Nachwort

Dieser Leitfaden hat Ihnen hoffentlich einen guten ersten Überblick über die Vorgehensweise bei einer Firmengründung und Investition in China vermittelt, Ihnen ein paar hilfreiche Tipps gegeben und Sie auf mögliche Fallstricke aufmerksam gemacht. Wenn Sie sich die Informationen der vorstehenden Kapitel zu Herzen nehmen, auf Ihre bisherigen Erfahrungen im Geschäftsleben hören und mit der gebotenen Vorsicht, aber auch dem nötigen Mut an die Gründung herangehen, sollte Ihren Geschäften in der VR China nichts mehr im Wege stehen.

▶ **Vor allem** ... bleiben Sie stets und ausnahmslos geduldig, doch informieren Sie sich parallel immer zeitnah über Veränderungen und sprechen Sie mit erfahrenen Leuten vor Ort. Denn obwohl in China Vorgänge im Geschäftsleben viel Zeit brauchen, können sich Regeln und Vorgehensweisen auch einmal vom einen auf den anderen Tag verändern.

Zu guter Letzt: China ist ein unglaublich großes und vielfältiges Land, welches sich unvorstellbar schnell entwickelt. Damit wird es langsam aber sicher von der „Weltfabrik" zu einem aufstrebenden und ernstzunehmenden Wirtschaftspartner sowie zu einem wichtigen Absatzmarkt. Die VR China ist zwar weiterhin ein günstiger Produktionsstandort, aber ich lege es Ihnen ans Herz, insbesondere die Möglichkeiten zu erkunden und zu nutzen, die Chinas wirtschaftlicher Aufstieg mit sich bringt. China kann für Sie nicht mehr nur ein Produktionsstandort, sondern auch Entwicklungspartner und Absatzmarkt sein.

Viel Erfolg bei Ihren Unternehmungen wünscht Ihnen

Richard Hoffmann

R. Hoffmann, *Praxis-Leitfaden „Business in China"*,
DOI 10.1007/978-3-658-02494-9, © Springer Fachmedien Wiesbaden 2013

The manufacturer's authorised representative in the EU is Springer
Nature Customer Service Centre GmbH, Europaplatz 3, 69115 Heidelberg,
Germany. If you have any concerns regarding our products, please
contact ProductSafety@springernature.com

Printed and bound by CPI Group (UK) Ltd, Croydon, CR0 4YY
27/04/2026
02097603-0003